Der Forstdiebstahl.

Darstellungen

aus dem in Deutschland geltenden Recht.

Von

Dr. jur. H. Ziegner-Gnüchtel.

Berlin und Leipzig.
Verlag von J. Guttentag
(D. Collin).
1888.

Sonderabdruck aus:
„Zeitschrift für die gesamte Strafrechtswissenschaft",
Bd. VIII.

Inhalts-Übersicht.

Abschnitt		Seite.
	Geschichtlicher Überblick	1—8
1.	Entwickelung des Waldeigentums. Ältestes Strafrecht	1
2.	Mittelalterliches Strafrecht bis zur Carolina	3
3.	Entwickelung nach der Carolina	5
	Das geltende Recht.	
	a) Reichsrecht und Landesrecht	7—14
4.	Notwendigkeit, den Forstdiebstahl in § 2 Abs. 2 Einf.-Ges. zum St.-G.-B. zu erwähnen	7
5. 6.	Schranken der Landesgesetzgebung	8 9
7.	Verbindlichkeit des allgemeinen Teils des St.-G.-B.s für die Forstdiebstahlsgesetze	10
8.	Das frühere Verhältnis in Preußen zwischen dessen St.-G.-B. und Forstdiebstahlsgesetz	12
	b) Sonstige Gesichtspunkte für die gesetzgeberische Behandlung	14—25
9.	Der Thatbestand im allgemeinen	14
10.	Waldeigentum ein Sonderbegriff?	17
11.	Gewahrsam am Walde	19
12.	Substanzverletzung als Merkmal des Forstdiebstahls	21
13.	Geringwertigkeit der Objekte	22
	Kulturgefährdender Charakter des Forstdiebstahls	22
	Weidefrevel ausgeschlossen	23
	Forstdiebstahl ein privilegiertes Delikt	24
	Versuch. Straftaxen	24
14.	Bedeutung der Behandlung des Forstdiebstahls als Diebstahl	24
	c) Die einzelnen Gesetzgebungen	26—86
	1. Preußen.	
15.	Geschichtliches	26
	Thatbestand. Forstdiebstahl ist Diebstahl	27
16a.	Forstdiebstahl ein objektiv beschränkter Diebstahl	28
16b.	Gewisse Forstprodukte ausgeschlossen	29
17.	Forstdiebstahl ein Diebstahl an noch nicht perzipierten Forstprodukten	31
18.	Forstdiebstahl ein lokal beschränkter Diebstahl	32
19.	Strafensystem	34
20.	Umwandlung der Strafen	36
21.	Verwendung der Geldstrafen zu Gunsten des Beschädigten	37

Abschnitt. Seite.
22. Weitere Fürsorge für den Beschädigten 38
23. Versuch. Teilnahme 40
24. Begünstigung. Hehlerei 41
25. Rückfall 45
Verjährung 45
Singuläre Präsumtion 45

2. Bayern.

26. Geschichtliches 46
Thatbestand 46
27. Thatbestand (Fortsetzung) 48
28. a) Straffolgen. Umwandlung. Jugendliche Delinquenten. Abverdienen der Strafen. Erschwerungsgründe 49
b) Der Holzdiebstahl als Verbrechen, Vergehen, Übertretung in der bayr. Gesetzgebung 54
29. Die Modifikationen des allgemeinen Teils des St.-G.-B.s a) Teilnahme, b) Notstand, c) Verjährung, d) Konkurrenz . . 57
30. § 259 St.-G.-B. — Haftung dritter 61

3. Sachsen.

31. Geschichtliches 62
Thatbestand 63
32a. Thatbestand 65
32b. Strafenskala 67
33. a) Versuch 67
b) Erschwerungsgründe. Rückfall. Konkurrenz. Verjährung. Konfiskation 68

4. Württemberg,
Baden, Oldenburg, beide Mecklenburg, Braunschweig, Gotha, Anhalt, beide Lippe, Elsaß-Lothringen, — Altenburg, Lübeck.

34. Die in Betracht kommenden Gesetze 69
Thatbestand 72

5. Weimar,
beide Schwarzburg, beide Reuß.

35. Die in Betracht kommenden Gesetze 74
Thatbestand 75
Strafen. Erschwerungsgründe rc. 77

6. Hessen.

36. Generelle Begrenzung 78
a) Inhaltsangabe der Art. 4. 5. 6. 11. 12. 13. 8 78
b) Verantwortlichkeit dritter Personen 79
c) Der spezielle Thatbestand 80
d) Strafen 81
e) Versuch 82

7. Sachsen-Meiningen.

37. a) Thatbestand. b) Strafen. c) Rückfall. d) Verjährung. e) Versuch. f) Begünstigung. Haftung dritter. Notstand . . 83—86

8. Hamburg. Bremen 86

Schlußwort 87
Verzeichnis der benutzten Litteratur 88

Geschichtlicher Überblick.

1. Entwickelung des Waldeigentums. Ältestes Strafrecht.

An Waldungen hat sich in Deutschland ein Eigentum im Sinne des römischen Rechts erst spät herausgebildet. Zwar finden sich schon in den Volksrechten vereinzelt die Ausdrücke dominium silvae, dominus silvae. Eigentumsbegründung aber erfordert eine sichtbare, dauernd wirksame Occupation, und diese wird regelmäßig den oft unermeßlich sich erstreckenden Waldflächen gegenüber nicht durchführbar gewesen sein. Die Inanspruchnahme von Waldungen, wie sie in Ausdrücken der erwähnten Art bekundet wird, trägt vielmehr zunächst den Charakter einer Geltendmachung von grundherrlichen Hoheitsrechten, von Hoheitsrechten, für die ein bestimmter Umfang — inhaltlich und oft sogar räumlich — fertig noch nicht vorhanden war. Sicherlich hat es bis tief in das Mittelalter hinein Forsten gegeben, die von der oder jener Seite als Herrschaftsgebiet beansprucht wurden, die aber zum großen Teil noch unerschlossen und so thatsächlich keinem Herrn unterthan waren.[1])

Selbst da, wo Waldungen unter der anerkannten Herrschaft einer Gesamtheit (Markgenossenschaft) oder eines einzelnen stehen, erscheint diese Herrschaft sicher nirgends zu einem Eigentumsrecht

---

[1]) Vergl. hierzu und zu dem folgenden u. a. Stobbe Privatr. II., S. 92. Bernhardt, Geschichte Bd. I. bes. §§ 11, 18—22, 33, 43. Stieglitz, §§ 7, 10, 14—19, 20, 21, 24. Roth, Geschichte, §§ 87ff. Schwappach, Handbuch, §§ 5—7, § 11, S. 56—63, §§ 21—23, §§ 26—30. Maurer, Einleitung. (Das Litteratur-Verzeichnis befindet sich am Ende der Abhandlung.)

am stehenden Holz verdichtet. Zu einer solchen Vorstellung hatte man — abgesehen von sonstigen rechtlichen Anschauungen[2]) — ein Bedürfnis schon deshalb nicht, weil ein wirtschaftliches Interesse, den Holzreichtum des Waldes dritten zu verschließen, nicht vorlag. Im Gegenteil: der Wald ist lange Zeit vielerorts noch Kulturhindernis, Waldrodung ist erlaubt und gibt Eigentum am Rodland.

Nach alledem sind im ältesten Recht Delikte an stehendem Holz nur ausnahmsweise strafbar.[3]) Erst dann, wenn das Holz infolge Occupation res possessa geworden ist, insbesondere, wenn es gefällt wurde, also durch Aufwendung menschlicher Arbeit für den einzelnen Wert erhielt, tritt strafrechtlicher Schutz ein.[4]) Finden sich allgemeine Einschränkungen der Waldnutzung, so sind sie zum Vorteil der Viehzucht — Waldweide — oder vornehmlich der Jagd,[5]) nicht zum Schutze der Holzzucht getroffen.

---

[2]) Hälschner, System II., S. 398. Der Rechtsgrund für den Fruchterwerb bei Bodenerzeugnissen wird in der auf ihre Hervorbringung verwendeten Arbeit, nicht darin gesucht, daß sie eine accessio des Grundstücks sind.

[3]) Siehe besonders Schwappach, die forstgeschichtliche Bedeutung der lex salica in Forstw. Zentralblatt 1882, S. 243, und die forst- und jagdgeschichtliche Bedeutung der Volksrechte, ebenda 1883, S. 207, auch Wilda, Strafrecht, S. 869, Note 2. Es wird insbesondere das Fällen masttragender (s. auch Anm. 5 a. E.), ferner gepflanzter Bäume und solcher, welche im Schutze des Hauses (infra clausuram) stehen, sowie das Fällen gezeichneter Bäume bestraft. Wegen des Zeichnens der Bäume ist der Analogie wegen interessant eine auf die Okkupation von Kirschen bezügliche spätere Bestimmung (1530) aus der Schweiz (s. Maurer, Einl., S. 111): „dwyl aber die kryese [Kirschen] bisher Richen und armen ein gemein obs gsin, laßt mans noch ein fry gemein obs bliben. Ob aber yemantz sine kryese wollte werren, der mag den baum zeichnen vnd einen torn daran hencken." Wer von einem solchen Baume Kirschen nahm, sollte als Dieb bestraft werden. S. auch Stobbe, Bd. II, S. 60, Note 3 a. E.

[4]) Vergl. das Citat der Anmerkung 2.

[5]) Eichhorn, § 199, Note c. In dieser Beziehung war von Bedeutung der sogenannte Forstbann, worüber Näheres bei Stieglitz, §§ 12—14, 16—19, in den zahlreichen dort angeführten Urkunden, Bernhardt, Geschichte, Bd. I, §§ 11 a. E., § 21. Schwappach, Handbuch, S. 56 ff., §§ 26, 27, 35. Roth, Geschichte, §§ 51—54, 101 - 103, 132 (S. 339, 340), z. B. culturam novalium .. propter venationes ferarum exercendas duxeramus inhibendum 1243. Urkunde Herzog Friedrichs II. von Österreich, ferner a. 1202: ut liceret eis eandem silvam incidere et in sartum culte terre redigere, quod fieri sine nostra permissione nequaquam licuit, cum bannum ferarum ipsius silve ad nos pertinere dinosceretur u. v. a. m. Auch werden einzelne Baumsorten als gebannte Hölzer bezeichnet, welche nicht geschlagen werden durften, z. B. in

Die Minderung des ursprünglichen Holzreichtums und die Furcht vor Holzmangel — nicht etwa daß geläuterte Anschauungen über die Bedeutung einer planmäßigen Waldpflege schon frühzeitig sich Bahn gebrochen hätten — drängten allgemach dazu, die holzerzeugende Kraft des Waldes unter Bestimmung eines gewissen Maßes oder gewisser andrer Schranken zu nutzen.[6])

Wird nun auch der Holzbezug des einzelnen geregelt, beschränkt, hier und da gar verboten, so ist doch die Anschauung von der ursprünglichen Eigenschaft des Waldes als eines Gemeingutes nicht leicht zu überwinden gewesen. Einen lebendigen Ausdruck dieser Anschauung bildeten die zahlreichen markgenossenschaftlichen Forsten; hier blieb der ursprüngliche Zustand einer Gemeinschaftlichkeit von Grund und Boden unter Ausschluß dinglich feststehender Sonderrechte mindestens mit bezug auf den Wald lange erhalten. Vor dem Jahrhunderte ausdauernden Ringen der Grundherren freilich, ihre Machtbefugnisse auf Kosten der Gemeinden zu erweitern und zu festigen, blieb schließlich doch jede Gegenströmung machtlos.

Als mit dem Eindringen des römischen Rechts der Begriff des absoluten Eigentums am Grund und Boden in ausgeprägter Formulierung vorlag, hielten sich zwar die von altersher eingewurzelten Zustände einer einst gemeinschaftlichen Waldnutzung noch aufrecht, wenn auch nur in die äußerlichen Formen der neuen Rechtsordnung gekleidet, als Servituten, Realrechte und dergleichen. Die neuere Forstwissenschaft aber mußte in diesen Überbleibseln der Vergangenheit Hindernisse einer rationellen Waldwirtschaft erblicken und daher auf ihre Beseitigung dringen.

2. Mittelalterliches Strafrecht bis zur Carolina.

Während noch die rechtlichen Beziehungen zum Walde an verschiedenen Orten mit ungleichem Erfolg einer abschließenden Entwickelung zustrebten, war eine einheitliche Rechtsbildung über die Entnahme stehenden Holzes ausgeschlossen. Für das Mittelalter bilden die zahlreichen Weistümer die fast ausschließliche Rechtsquelle hierüber. Je nach der wirtschaftlichen Anschauung ordnen sie die Waldnutzung in verschiedener Weise und nicht immer bloß

einem Weistum über die Waldungen des Klosters Süsteren an der Maas, 1260 Eiche und Buche (Grimm III. 863 . . . de lignis inbannitis sicut sunt quercus, fagus . . . .) u. dgl. m.

6) Vergl. Maurer, Markenverfassg. S. 127 ff.

zu gunsten der Markgenossen, sondern hier und da auch von dem Gesichtspunkte aus, daß der Wald Gegenstand allgemeiner Nutzung, daß demnach auch der nicht zur Markgenossenschaft Gehörige nicht völlig auszuschließen sei.[7])

Feststehender Grundsatz ist nach dem Recht der Weistümer, daß die unbefugte Entnahme stehenden Holzes nicht Diebstahl ist,[8]) sie wird mit Vermögensstrafe geahndet;[9]) Frevel an fruchttragenden Bäumen, ferner zur Feiertags- und Nachtzeit, überhaupt unter heimlicher Begehung werden mit verschärfter Geld-, hier und da auch mit Leibes- und Lebensstrafen bedroht.[10]) Nur die Wegnahme geschlagenen Holzes ist Diebstahl. gehauen holtz genommen das ist dieberey.[11])

Die Rechtsbücher haben dieselben Grundzüge. Unberechtigtes

---

[7]) Daß der Ausmärker sich dürren Abschlag, eine Saumlast Leseholz, selbst hartes Holz — letzteres jedoch nur offen bei lichtem Tage — aneignen durfte, s. z. B. Grimm, R.-A., S. 514. Im Notfall durfte Pflug- und Wagenholz im fremden Walde gefällt werden a. a. O. S. 517, 402.

[8]) Ebenso fallen nicht unter den Gesichtspunkt des Diebstahls die schon damals zahlreichen Verbote gegen das Eicheln-, Bucheln-, Eckerlesen, Laubbrechen, Laubsammeln, Lesen von Holzäpfeln und Holzbirnen, Lohschälen. Urkundliche Nachweise über solche Verbote bei Maurer, Markenverfassung, S. 141 und bei Löw, S. 152, Note 28—30.

[9]) Vergl. z. B. Linger Bauersprache, Grimm, R.-A., S. 515. Geyener, Holzgericht § 19, bei demselben S. 105 sub 3, Weistum der Dissener Mark, (Roth, Geschichte, S. 366), der Hülseder Mark (Schwappach, S. 233, Note 14). Bellersheimer Märkergeding. Grimm, R.-A., S. 517 u. v. a. m.

[10]) Vergl. folgende Note und Bernhardt, S. 117, Note 14. S. 133. Roth, S. 365. Grimm, R.-A., S. 516, sowie Grimm IV. 540; Item soll der waldt friden han von der sonne niedergang biss uf iren uffgang, der sontag und der heilige tage, wer darüber griffe, der were der herrschaft von Rodenstein verfallen an ir gnade (das ist also zu einer willkürlichen Strafe. Rodenstein a. 1457). Grimm IV 510. Wer es auch das (man) ein margman funde in der marg holtz houwen oder megen oder füren uff einen sunnentag oder sus uff einen gebannen firtag oder by naht, do is er verfallen umb lib und umb gut (Laibach a. 1432). (Die Vorstellung, daß die Begehung von Holzfreveln an Feiertagen besonders straffällig sei, scheint sehr alt zu sein, vergl. die Sage von dem Mann, der am Sonntag Holz gestohlen und deswegen zur Strafe in den Mond versetzt wurde bei Grimm, deutsche Mythologie. 3. Ausgabe, S. 681. Bernhardt, Bd. I. S. 199, Note 4).

[11]) Vergl. Grimm, R.-A., S. 314, Bernhardt, S. 116, Note 7, das bei Hälschner, S. 399, Note 1 und bei Köstlin, Abhandl. S. 222 fg. samt den Noten Angeführte.

Holzschlagen ist nach ihnen lediglich eine Verletzung fremden Okkupationsrechts; es wird gleich behandelt und gleich bestraft mit unbefugtem Fischfang aus wilder Woge.[12]) Auch die Rechtsbücher enthalten den Satz, daß Diebstahl nur an geschlagenem Holz begangen werden könne, und letzterer kehrt — Jahrhunderte später — in der nächsten Strafrechtsquelle von allgemeinerer Bedeutung, in der Halsgerichtsordnung Carls V. (Carolina Art. 168) wieder. Die letztere beschränkt sich im übrigen darauf, auch fernerhin die Gewohnheit jedes Landes und Ortes bezüglich des in Aneignungsabsicht widerrechtlich (helicher und verbotener weiss) geschehenen Holzschlagens aufrecht zu erhalten — ein Beweis, wie weit damals noch die Mannigfaltigkeit der Rechtsverhältnisse in bezug auf Waldungnutzung von einer einheitlichen Gestaltung entfernt war — und weiter statuiert sie hierbei den althergebrachten Strafverschärfungsgrund der verbotenen oder ungewöhnlichen Zeit (Nachtzeit, Feiertage, überhaupt jede sogenannte geschlossene Zeit, vergl. die in Anmerkung 10 angezogenen Stellen).

Die zahlreichen zur Zeit der Carolina vorhandenen und später ergangenen landesherrlichen Forstordnungen, die an die Stelle der autonomen Satzungen der Weistümer — oft in Anlehnung an diese — traten, enthalten ein reichhaltiges, aber für eine juristisch-wissenschaftliche Betrachtung kaum ergiebiges Material. Sie beschränken sich, was die unbefugte Wegnahme stehenden Holzes anlangt, regelmäßig — wenn auch nicht ausschließlich — auf die Androhung von Geldstrafen.[13])

3. Entwickelung nach der Carolina.

Bereits unter den Auslegern der Carolina wird die Meinung vorwiegend vertreten, daß der Holzdiebstahl (d. h. auch die Wegnahme stehenden Holzes) eine Handlung mit echtem Diebstahlscharakter sei. Auch in der Gesetzgebung findet diese Anschauung

---

[12]) Sachsenspiegel II., Art. 28, § 1. Schwabenspiegel 169, bei Stieglitz, S. 147, Bernhardt, Roth, Schwappach sind die Stellen hierüber abgedruckt.

[13]) Vergl. Bernhardt, Geschichte I, § 47, besonders S. 34. Ein Verzeichnis landesherrlicher Forstordnungen giebt Roth, Geschichte, § 149; in Anschluß daran folgt dort eine auszugsweise Wiedergabe des Inhalts solcher Ordnungen. Strafbestimmungen über Holzentwendung s. z. B. S. 427, 429, 430, 435 oben, 437 u. a. m.

Verwertung.[14]) Ja, selbst dem schweren Diebstahl wird der Holzdiebstahl von einigen beigezählt, weil das stehende Holz als eine Sache erscheint, die nicht unter genauer Aufsicht gehalten werden kann.[15])

Anderseits wird wieder der gerade entgegengesetzte Gesichtspunkt hervorgehoben, nämlich, daß es sich um eine besonders leicht zugängliche, noch nicht in einer besonderen Verwahrung befindliche Sache handele; man gelangt folglich dazu, die Entwendung selbst schon geschlagenen Holzes nicht als peinliches Vergehen, sondern lediglich als Forstrügesache zu behandeln, solange das entwendete Holz noch im Forst und im Eigentum des Forstherrn befindlich war.[16]) Ähnliche Gesichtspunkte lassen insbesondere den Floßholzdiebstahl als eine besondere Erscheinung behandeln.[17])

Eine gesonderte Gesetzgebung über den Holzdiebstahl im Sinne einer gelinderen Bestrafung gegenüber dem gemeinen Diebstahl blieb die Regel. Solche Gesetze — zumeist mit Abweichungen von den allgemeinen Bestimmungen der Strafgesetzbücher — bestanden fast in allen deutschen Staaten, als die Abfassung des jetzt geltenden Bundesstrafgesetzbuchs erfolgte. Der Geltungsbeginn des letzteren, nochmehr aber — wegen des in den Sondergesetzen mit

---

[14]) Die Theorie der Carolina z. B. hat Neo Meurer bei Fritsch S. 317, vergl. dagegen die sächs. Gesetzgebung betreffend Püttmann, § 454. Ferner vergl. Apel, leges in delicta circa arbores, S. 15, Note 33. Köstlin, Abh. S. 316, besonders bei Anm. 4. Hälschner, Bd. IV., S. 456. Über die Kommentatoren der Carolina speciell das Gutachten in Goltdammers Archiv, Bd. 14, S. 450 ff. S. ferner Kleinschrod, Über den Begriff 2c. des Diebstahls in dessen Abh. aus d. peinl. R. II. Teil (1798) Seite 103 („wer zweifelt daran, daß die im 168. und 169. Artikel [der Carolina] bedrohten Handlungen wahre Diebstähle seyen?") Roßhirt, Lehrb. (1821) S. 402. Martin, Lehrb. (1825) § 147 („Von den Civildiebstählen"). Henke, Handb., S. 388, 389, 420, Note 3. Feuerbach (Mittermaier), Lehrb. (1847), § 323 mit den Noten, Heffter, Lehrb. (1857), S. 418, 426 § 522.

[15]) Bülow und Hagemann, Erörterungen, Bd. I., S. 98. Vergl. übrigens schon die bei Köstlin, Abhandlungen S. 224, Note 6 angezogenen Stellen.

[16]) Vergl. z. B. Mößler, I, S. 298 ff., Kap. 52, § 12. Tittmann, § 439 u. a.

[17]) Eine Zusammenstellung und teilweise Erläuterung der bis zur Justizorganisation des Jahres 1879 geltenden Forst-Strafgesetzgebung s. b. Albert, Lehrb. der Staatsforstwissenschaft, § 105 ff. S. auch Bernhardt, Geschichte, Bd. III., S. 140 ff.

behandelten Forstrügeverfahrens — die Justizreform des Jahres 1879 — bot zur Umarbeitung Veranlassung.

Der Betrachtung der jetzt über Holzdiebstahl geltenden Partikulargesetze, soweit sie materiellrechtlichen Inhalts sind, sind die Abschnitte 15 bis 38 gewidmet.

Das geltende Recht.

a) Reichsrecht und Landesrecht.

4. § 2, Abs. 2 des Einf.-Ges. zum St.-G.-B.

Bei Geltungsbeginn des Bundes-Strafgesetzbuchs hätte der Zweifel nahe gelegen, ob der Zustand der Sonderbehandlung eines als „Diebstahl" bezeichneten Delikts der Herrschaft des § 242 Str.-G.-B. zu weichen habe.

Diesem Zweifel zu begegnen, war § 2 des Einführungsgesetzes zum Strafgesetzbuch bestimmt. Dort sind eine Reihe „besonderer Vorschriften" — darunter die über Holz- (Forst-) Diebstahl — namentlich als solche bezeichnet, bezüglich deren die Landesgesetzgebung auch künftig bestehen bleibt. An jener Stelle wird außerdem erklärt, daß die namentlich angeführten Vorschriften nicht „Materien" betreffen, welche Gegenstand des Strafgesetzbuchs für den Norddeutschen Bund sind. (So auch Binding, Handb., S. 394, 395.)

Es bedurfte einer solchen Hervorhebung des Holz- (Forst-) Diebstahls. Der Begriff des Holzdiebstahls beschränkt sich nicht auf die Entwendung stehenden Holzes. Unter den oben angedeuteten Voraussetzungen (s. oben Note 16, unten z. B. Abschn. 27) ergreift er in der Partikulargesetzgebung auch die unbefugte Wegnahme schon gefällten Holzes.

Daß insoweit eine den Thatbestand des gemeinen Diebstahls erfüllende Handlung unter landesrechtliche Norm gestellt wird, kann auch die Ansicht, welche die Entwendung stehenden Holzes nicht als Diebstahl betrachtet, nicht bezweifeln. Es ist aber auch diese letztere, der Holzdiebstahl im engeren Sinne, seinem Wesen nach als echter Diebstahl denkbar — wie unten dargethan werden soll —, als solcher auch gesetzgeberisch behandelt worden, und somit wäre auch er „Materie" des Strafgesetzbuchs. Nur auf Grund der erwähnten ausdrücklichen reichsgesetzlichen Erklärung kann die Landesgesetzgebung zur Behandlung des Diebstahls am gefällten Holz — eines unzweifelhaft echten Diebstahls — und, soweit sie den Diebstahl an stehendem Holz als echten Diebstahl oder als ein sonst im Strafgesetzbuch behandeltes Delikt erscheinen lassen will, auch zu dessen Behandlung ermächtigt gelten. Demnach kann lediglich die Betrachtung der Landesgesetzgebung ergeben, welchen Charakter der Holzdiebstahl im engeren Sinne trägt; aus ihr allein wird sich jetzt die alte Streitfrage entscheiden lassen, ob er eine Species von dem in § 242 Str.-G.-B. behandelten Genus (Heinze S. 77) oder ob er „etwas wesentlich andres" sei, „als Diebstahl, mit dem er nur den Namen gemein hat!" (Liszt S. 76, Note 10.) Das Reichsgesetz hat sich darauf beschränkt, den „Holz- (Forst-)Diebstahl" der Landesgesetzgebung frei zu geben; reichsrechtliche Vorschriften existieren weder darüber, von welchem Zeitpunkt ein Diebstahl an gefälltem Holz nach Reichsrecht zu ahnden sei, noch auch darüber, wie das Landesrecht die unbefugte Aneignung stehenden Holzes zu charakterisieren habe.

5. Schranken der Landesgesetzgebung?

Hiernach bestimmt das Landesrecht bezüglich des Diebstahls an gefälltem Holz die Grenzlinie, von welcher an das Reichsrecht gelten soll, selbständig, lediglich durch die geschichtlich überlieferte Erwägung gebunden, daß gefälltes Holz nicht in jedem, sondern nur während des der Fällung unmittelbar folgenden Zustandes Gegenstand des Spezialdelikts sein soll. Die Landesgesetzgebung braucht aber weder hierbei, noch für den Holzdiebstahl im oben angegebenen engeren Sinne die Merkmale des gemeinrechtlichen Diebstahls zu verwerten, denn sie hat freie Hand, welchen Namen sie den von ihr geschaffenen Delikten beilegen will und könnte, so wenig empfehlenswert dies auch wäre, und so wenig de lege lata die Vermutung hierfür spricht, die von ihr angewandten Namen für andre Begriffe, als das Strafgesetzbuch mit jenen selben Bezeichnungen verbindet, gebrauchen wollen.

Aus der geschichtlichen Entwickelung des Delikts weitere Beschränkungen der Landesgesetzgebung, als die angedeutete, aufzustellen, scheint insofern unthunlich, als die Fortschritte der Forstwissenschaft Berücksichtigung heischen und als überwundene wirtschaftliche Anschauungen nicht Gesichtspunkte für das gegenwärtige Recht abgeben dürfen.

Wohl aber wird hinsichtlich des Zwecks des Sonderdelikts die Landesgesetzgebung im Auge zu behalten haben, daß es gilt, lediglich solchen strafbaren Handlungen vorzubeugen, die zum Nachteil der Waldkultur und vornehmlich der Holzgewinnung begangen werden, und daß hiernach Thatbestände, die vorwiegend Zweckbestimmungen andrer Art dienstbar wären, nicht unter den Begriff des Sonderdelikts gezogen werden sollen.

6. Positiv rechtliche Beschränkung der Landesgesetzgebung.

Während so die Stellung des Landesrechts hinsichtlich der Gestaltung des Thatbestandes ihres Delikts eine ziemlich freie ist, ist eine positivrechtliche Beschränkung nur hinsichtlich der Straffolgen vorgeschrieben. Diese Beschränkung entspricht der geschichtlichen Entwickelung des Delikts, nach welcher die in Betracht kommenden Diebstähle nicht die vollen Konsequenzen des Diebstahls nach sich ziehen, vielmehr einer wesentlich milderen Beurteilung unterliegen, namentlich auch von der Schwere der gemeinrechtlichen Rückfallsbestimmungen verschont bleiben. Nach § 5 des Einführungsgesetzes zum Strafgesetzbuch dürfen die Landesgesetze nur Gefängnis bis zu zwei Jahren, Haft, Geldstrafe, Einziehung einzelner Gegenstände und Entziehung öffentlicher Ämter androhen. Nicht also kann z. B. Verlust der bürgerlichen Ehrenrechte oder Polizeiaufsicht wegen Forstdiebstahls angedroht werden. Auf Verweis kann nach § 57 Str.-G.-B. erkannt werden, falls nicht das Landesrecht diese Strafe für den Forstdiebstahl ausschließt. Hierzu ist dasselbe ermächtigt. (s. unten Abschn. 7 u. 8.)

Erweitert aber ist der Kreis der reichsgesetzlichen Strafmittel dadurch, daß eine im Strafgesetzbuch nicht verwertete Strafart für den Forstdiebstahl nachgelassen ist: Forst- oder Gemeindearbeit, und zwar anstatt Gefängnis- oder Geldstrafe (hierüber vergl. unten Abschn. 20 besonders bei Note 37 und Note 42.) Diese Arbeitsstrafe kann auch in künftig erst ergehenden Partikulargesetzen angedroht werden. Der Wortlaut des § 8, Abs. 2 könnte zu der Annahme verleiten, als dürfe sie nur beibehalten werden, soweit in den bei Geltungsbeginn des Strafgesetzbuchs schon vorhandenen Gesetzen von ihr Gebrauch gemacht war.

Dies würde keine ratio haben; wenn die Arbeitsstrafe sich zu irgend einer Zeit mit den Strafmitteln des Strafgesetzbuchs verträgt, so verträgt sie sich immer mit ihnen (s. Binding, Handb., § 65 unter 6b).

7. Die allgemeinen Strafrechtslehren und die Forstdiebstahlsgesetze.

Streit herrscht über die Geltung der allgemeinen Vorschriften des Strafgesetzbuchs für die in Betracht kommenden Partikulargesetze. Diese haben vielfach von jenen Vorschriften abweichende Bestimmungen getroffen, so z. B. hinsichtlich des Strafmaßes für den Versuch, für die Beihilfe, für die Delikte jugendlicher Personen u. s. w. Eine Ansicht erklärt dergleichen partikuläre Bestimmungen geradezu für „nichtig“ und hält das Landesrecht an den allgemeinen Teil des Strafgesetzbuchs durchaus gebunden (vgl. Binding, Handb. § 66, Nr. 3).

Diese — in der Rechtsprechung bisher ohne Folgen gebliebene — Meinung versucht zunächst eine nähere Bestimmung des im Einführungsgesetz § 2 erwähnten Begriffs „Materie“ und versucht weiter, auf Grund der Auslegung dieses Wortes die im allgemeinen Teil des Strafgesetzbuchs behandelten „Materien“ anzugeben. Danach wären Versuch, Teilnahme, Strafbarkeit jugendlicher Personen u. s. w. „Materien“ des Strafgesetzbuchs oder doch Bestandteile solcher „Materien“ und folglich für die Landesgesetzgebung verschlossene Gebiete.

Zur Beantwortung der Frage aber, ob die Forstdiebstahlsgesetze — lediglich diese kommen für uns in Betracht — an die allgemeinen Bestimmungen des Strafgesetzbuchs gebunden sind, bietet sich zunächst, statt daß man auf den unsicheren Boden der Definitionen angewiesen wäre, eine Erwägung geschichtlicher Art, nämlich der Hinweis auf das Verhältnis, wie es — vor Geltung des jetzigen gemeinen Strafrechts — in den einzelnen Partikularstaaten zwischen deren Strafgesetzbüchern und Holzdiebstahlsgesetzen bestanden hat. Letztere banden sich — wie schon erwähnt — gar nicht durchweg an die Bestimmungen der ersteren. Dieser Zustand, wonach das Holzdiebstahlsgesetz — ausdrücklich oder stillschweigend — auf den von ihm gesetzten Thatbestand nur, soweit es selbst nicht abweichende Bestimmungen enthielt, den allgemeinen Teil des Landesstrafgesetzbuchs für anwendbar erklärte, war nicht purer Willkür, sondern Rücksichten auf die Bedürfnisse der Praxis oder auf den besonderen Charakter des Spezialdeliktes entsprungen.

(Vergl. unten Abschn. 23, sowie auch Note 30 und Abschn. 13, vorletzter Absatz).

Es ist nicht glaubhaft, daß man bei Abfassung des geltenden Strafgesetzbuchs die Anschauung gehabt hätte: dergleichen Rücksichten, denen man bisher nachgegangen war, seien nunmehr unbeachtlich oder etwa schon durch die Bestimmungen des Strafgesetzbuchs befriedigt. War man früher der Ansicht, daß die allgemeinen Bestimmungen eines Strafgesetzbuchs nicht für ein Spezialdelikt ausreichen, daß letzteres vielmehr von einzelnen Anordnungen des allgemeinen Teils zu eximieren sei, so hätte man doch jetzt dem Sonderrecht eine Unterwerfung unter alle oder einzelne Partieen der allgemeinen Lehren des Strafgesetzbuchs nur ansinnen, eine Aufhebung der bisher geltenden Exemtion nur aussprechen dürfen, wenn man vorher dieses Sonderrecht einer eingehenden Prüfung unterzogen hätte. Und zwar wäre diese Prüfung daraufhin zu erstrecken gewesen, ob eben nicht durch Aufhebung der Exemtion dem Zwecke des Sonderrechts — der Berücksichtigung eigenartiger Lebensverhältnisse gegenüber den hier als ungerecht erscheinenden, sonst geltenden Rechtsgrundsätzen — Abbruch geschähe. Daß solche Erwägungen stattgefunden hätten, ist nicht bekannt. Bekannt ist nur, daß nach Beratung des Strafgesetzbuchs aus dem Reichstag heraus das Ersuchen an den Bundeskanzler gerichtet wurde, eine Zusammenstellung des in den Einzelstaaten nach Ansicht der Regierungen noch geltenden Strafrechts zu veranlassen, um so das Material zu gewinnen zu einem vielleicht erforderlichen deklaratorischen Bundesgesetz über die Giltigkeit dieser oder jener Bestimmungen des Landesstrafrechts. Vom Bundeskanzler wurde diesem Ersuchen Berücksichtigung zugesagt; Verwirklichung konnte ihm aber bis jetzt noch nicht gegeben werden. Einem solchen Vorgange darf entnommen werden, daß man bei Beratung der allgemeinen Lehren des Strafgesetzbuchs, deren Verhältnis zu dem nach § 2, Abs. 2 des Einführungsgesetzes fortgeltenden Partikularrecht gar nicht in Betracht gezogen, letzterem seine Selbständigkeit lassen und die im Strafgesetzbuch getroffenen allgemeinen Bestimmungen zunächst nur auf die in diesem selbst enthaltenen Thatbestände beziehen wollte.

Man wird den Partikulargesetzgeber tadeln können, wenn er grundlos die Bestimmungen des Strafgesetzbuchs für sein Sonderrecht nicht akzeptiert; de lege lata aber steht ihm insoweit, als dem für seinen kleinen Kreis besser Unterrichteten, die Wahl frei, ob er die Wege des gemeinen Rechts wandeln will. Seiner Einsicht vertraut hier das Reichsgesetz nicht minder, als da, wo es sich um die Schaffung und Pönalisierung von Thatbeständen des partikularen Sonderrechts handelt. [18])

8. **Das frühere Verhältnis in Preußen zwischen dessen Strafgesetzbuch und Forstdiebstahlsgesetz.**

Zum Nachweis, wie vor Geltungsbeginn des heutigen gemeinen Strafrechts das Spezialgesetz vom Strafgesetzbuch sich emanzipierte, sei hier beispielsweise auf frühere preußische Verhältnisse Bezug genommen. Diese Bezugnahme erscheint deshalb so naheliegend, weil das geltende Strafgesetzbuch auf der Grundlage des früheren preußischen Strafgesetzbuchs beruht. Eine solche Betrachtung erscheint auch in andrer Hinsicht — für die Bestimmung des umstrittenen Begriffs „Materie" — nicht ganz ohne Wert.

Artikel 2 des Einführungsgesetzes zum preußischen Strafgesetzbuch vom 14. April 1851 bestimmte:

„Mit diesem Zeitpunkte werden außer Wirksamkeit gesetzt alle Strafbestimmungen, die Materien betreffen, auf welche das gegenwärtige Strafgesetzbuch sich bezieht, namentlich 2c.

Dagegen bleiben in Kraft die besonderen Strafgesetze, insoweit sie Materien betreffen, in Hinsicht deren das gegenwärtige Strafgesetzbuch nichts bestimmt, namentlich die Gesetze über die Bestrafung der Post-, Steuer- und Zoll-Kontravenienten, über den Mißbrauch des Vereins- und Versammlungsrechts, über die Bestrafung des Holzdiebstahls, über die Widersetzlichkeit bei Forst- und Jagdvergehen und gegen Zollbeamte."

Hier also der Ursprung des Begriffs „Materie", hier also ferner — genau wie im Einführungsgesetz zum Reichsstrafgesetzbuch — die Erklärung, daß die aufgezählten Gesetze Materien enthalten, hinsichtlich deren das Strafgesetzbuch nichts bestimmt. Daß dem Wort „Materie" im Einführungsgesetz des Reiches ein anderer Begriff unterzuschieben wäre, als im preußischen Einführungsgesetz,

---

[18]) Nur für die Schaffung von Thatbeständen und deren Pönalisierung will partikulares Sonderrecht zulassen Binding. Handb., S. 309.

[19]) Man vergleiche den eben angezogenen Artikel des preußischen Gesetzes mit den u. a. bei Binding, Handb., S. 293 abgedruckten Entwürfen des geltenden Einf.-Gesetzes.

wird sich bei der offenbar nur redaktionellen Verschiedenheit beider Gesetze[10]) nicht darthun lassen.

Wie aber gestaltete das — hier interessierende — Spezialgesetz die ihm freigegebene „Materie?"

Das preußische Gesetz vom 2. Juni 1852, betreffend den Diebstahl an Holz und anderen Waldprodukten — um von dem bei Erlaß des preußischen Strafgesetzbuchs schon in Geltung befindlichen Holzdiebstahlsgesetz vom 7. Juni 1821 abzusehen — enthält eine ganze Reihe von Abänderungen gegenüber den allgemeinen Bestimmungen des preußischen Strafgesetzbuchs.

So werden die nach §§ 32, 35², 38, 37 des Gesetzbuchs für Versuch, unwesentliche Teilnahme und Begünstigung festgesetzten relativen Strafen im § 5 des Holzdiebstahlsgesetzes durch einen andern Strafsatz absoluter Art ersetzt; im § 8 des Holzdiebstahlsgesetzes wird entgegen dem § 60 des Strafgesetzbuchs die Rückfallsverjährung nicht auf 10, sondern auf zwei Jahre bestimmt und nicht von erfolgter Strafverbüßung, sondern von der letzten Verurteilung an berechnet. Die Geldbuße des Strafgesetzbuchs wird nur dann in Gefängnisstrafe im Sinne von dessen § 14 umgewandelt, wenn sie mindestens einen Thaler beträgt; der Betrag von 1 bis 3 Thalern wird alsdann einer eintägigen Gefängnisstrafe gleich geachtet. Nach dem § 8 des Holzdiebstahlsgesetzes kann eine solche Gefängnisstrafe schon eintreten, wenn der Mindestbetrag der Geldbuße zehn Silbergroschen beträgt, dann sind zehn Silbergroschen bis zwei Thaler gleich einem Tag Gefängnis. Weitere Abweichungen ergeben sich hinsichtlich der Strafbarkeit jugendlicher Personen, insofern, als nach § 11 des Holzdiebstahlsgesetzes die Strafmilderung des § 43 des preußischen Strafgesetzbuchs nicht statt hat, vielmehr auch gegen jugendliche, über zwölf Jahre alte Holzdiebe stets die volle Strafe, wie gegen Erwachsene, auszusprechen ist, ferner hinsichtlich der Konfiskation (§ 17 des Holzdiebstahlsgesetzes vergl. mit § 19 des preußischen Strafgesetzbuchs), und hinsichtlich der Verjährung (§ 20 des Holzdiebstahlsgesetzes vergl. mit §§ 46 ff. des preußischen Strafgesetzbuchs).

Das Holzdiebstahlsgesetz ist nach dem preußischen Strafgesetzbuch und dessen Einführungsgesetz erlassen — ersteres darf, da es von demselben Gesetzgeber ausgeht, zur Auslegung der letzteren verwandt werden. Alle oben angezogenen Bestimmungen betreffen also nicht „Materien" des Strafgesetzbuchs.

Wenn sich nun nicht darthun läßt, daß die Bezeichnung „Materie" in der preußischen und in der Reichsgesetzgebung verschiedene Begriffe deckt, so ist nach dem oben Ausgeführten eine Auffassung, wonach der allgemeine Teil des Strafgesetzbuchs in eine Anzahl „Materien" sich zergliedern läßt, mit ihren Folgerungen völlig unhaltbar.

Damit ist einer Argumentation der Boden entzogen, daß diese vorgeblichen „Materien" für die Landesgesetzgebung auch hinsichtlich der Thatbestände, welche der letzteren freigegeben sind, unantastbar wären. Die Bestimmungen des allgemeinen Teils betreffen nur Modifikationen der im speziellen Teil des Gesetzbuchs behandelten Thatbestände und der dort ausgesprochenen Straffolgen, führen also gar kein selbständiges Dasein.

b) Sonstige Gesichtspunkte für die gesetzgeberische Behandlung.

9. Der Thatbestand im allgemeinen.

Im älteren Recht tritt vorzugsweise die verbotene Aneignung des Holzes als des forstlichen Haupterzeugnisses hervor. Die Aneignung der forstlichen Nebenprodukte wird zwar nicht immer unberücksichtigt gelassen, mit besonderer Betonung hat aber erst die neuere Forstwissenschaft die Nachteile hervorgehoben, welche durch die unwirtschaftliche Entnahme einzelner Nebenprodukte des Waldes, namentlich der Streu, für die Forstkultur erwachsen.[20])

Es behandelt demgemäß die jetzige Gesetzgebung die unbefugte Aneignung solcher Nebenprodukte zumeist wie den Holzdiebstahl selbst. Man hat insbesondere die Bezeichnung Holzdiebstahl aufgegeben und, um anzudeuten, daß die widerrechtliche Aneignung von Forstprodukten überhaupt in Betracht komme, den freilich nicht gerade zutreffenden terminus „Forstdiebstahl" erfunden.[21])

---

[20]) Vormaligen und gegenwärtigen Zustand der Forstwissenschaft in dieser Hinsicht charakterisiert Bernhardt, Geschichte, Bd. III, S. 239 letzter Absatz.

Über die Bedeutung der sogenannten forstlichen Nebenprodukte vgl. Bernhardt, Die Waldwirtschaft und der Waldschutz, S. 51 ff. Albert, Lehrbuch der Staatsforstwissenschaft, S. 88, S. 145 ff. Eding, Rechtsverhältnisse des Waldes, S. 16–24. Über die Nachteile der Streuentnahme s. besonders Heiß, Der Wald und die Gesetzgebung, S. 63 ff., Litteratur und geschichtliche Notizen bei Bernhardt, Geschichte, Bd. III, S. 245.

[21]) Die Bezeichnung „Forstdiebstahl" kann Benennungen wie „Kirchen-

Über die Grenze, wieweit die Aneignung von Waldprodukten unter die Spezialstrafen des Forstdiebstahls zu stellen ist, herrscht in den Partikulargesetzen keine Übereinstimmung. Die meisten Forstdiebstahlsgesetze haben nur pflanzliche Erzeugnisse im Auge; einige wenige gehen jedoch darüber hinaus und nennen auch Produkte aus den anderen Naturreichen als Gegenstände des Sonderdelikts. Einzelne Partikularrechte wollen ihren Bestimmungen die Entwendung der pflanzlichen Waldprodukte insgesamt unterwerfen, so daß es der ausdrücklichen Hervorhebung der dem Sonderrecht nicht unterliegenden forstlichen Bodenerzeugnisse bedürfen würde. Die Gesetze andrer Staaten dagegen beschränken sich darauf, als zu ihrem Bereich gehörig nur gewisse Forstprodukte ausdrücklich zu bestimmen, so daß die Frage offen bleibt, ob die unbefugte Aneignung der nicht genannten Erzeugnisse überhaupt und nach welchen Bestimmungen etwa diese strafbar sei.

Die Gesetze über Forstdiebstahl pflegen weiter eine besondere Situation der in ihren Rahmen gehörigen Diebstahlsgegenstände vorauszusetzen, sei es nun, daß sie — als ob es sich um Reproduktion mittelalterlichen Rechts handelte — eine noch nicht von dritter Seite erfolgte Perzeption der entwendeten Sache als Merkmal des Forstdiebstahls statuieren, oder sei es, daß sie, um den tieferen Gedanken hervorzuheben, der dieser Formulierung bei ihrer Anwendung auf die Verhältnisse von heutzutage zu Grunde zu liegen hat, für die Anwendbarkeit der Forstdiebstahlsstrafe (auch wenn eine Perzeption schon erfolgt sein sollte) erfordern, daß die entwendete Sache sich in einem aufsichtslosen, unverwahrten Zustand, außerhalb eines engeren Gewahrsams befunden habe.

Einzelne Staaten nehmen auf die forstliche Qualität des Objekts, insbesondere des Holzes, keine Rücksicht. Sie stellen die unbefugte Aneignung von Holz, welches außerhalb des Waldes steht,

---

diebstahl, Hausdiebstahl, Taschendiebstahl" (Oehlschläger-Bernhardt, Kommentar, S. 2, Note 1) nicht gut gleichgestellt werden. Letztere (auch sacrilegium in der früheren Bedeutung s. Feuerbach-Mittermaier, Lehrbuch, 14. Ausgabe, S. 553) bezeichnen jeden Diebstahl mit der angedeuteten lokalen Beschränkung, der sogenannte Forstdiebstahl hat nur einen beschränkten Kreis von Objekten, nämlich nur Forstprodukte bestimmter Beschaffenheit (noch nicht percipierte, vgl. Abschn. 16) im Auge, und auch in dieser Begrenzung nicht einmal alle denkbaren Forstprodukte (s. Abschn. 16b). Der Ort der Entwendung braucht zudem nicht immer ein Forst zu sein.

unter dieselbe Norm wie die Aneignung von Forstholz; andre regeln die erstere nach abweichenden Gesichtspunkten, nämlich als zum Gebiet der Feldpolizei gehörig.

Hiernach ließe sich als Holzdiebstahl das an nicht beaufsichtigtem, namentlich an nicht perzipiertem, besonders aber an stehendem Holze überhaupt verübte Delikt, als Forstdiebstahl das Delikt bezeichnen, welches in Wäldern an Holz dieser Art und an andern nicht perzipierten Bodenerzeugnissen begangen wird.

Die Strafe des Delikts wird zumeist unter Berücksichtigung des Wertes der entwendeten Sache absolut als ein Mehrfaches des letzteren in Geld festgesetzt.

Weiter ist zu bemerken, daß ein besonderes Verfahren für die Aburteilung des Forstdiebstahls (Forstrügeverfahren) Anwendung findet, dessen Betrachtung jedoch hier ausgeschlossen bleiben soll.

Dieses Verfahren ist ein summarisches und kann unbedenklich ein solches sein, weil Forstdiebstähle häufig genug in größerer Menge, ja bis zur Massenhaftigkeit auftreten und im wesentlichen aus denselben Beweggründen entspringen.[22])

---

[22]) Diese Beweggründe (Armut, Gewinnsucht, Mangel an kaufbarem Holze, augenblickliche Verlegenheiten) behandelt ausführlich von älteren Schriftstellern Krause, Über die Forst-Gesetzgebung in Deutschland, 1834, S. 30 ff. Vergl. ferner Borchardt, Der Holzdiebstahl in seinen Ursachen, Folgen und Umfang, nebst Mitteln zur Abhilfe. Berlin, 1842, S. 3 ff. Präventivmaßregeln — mit spezieller Rücksicht auf das Königreich Sachsen — werden besonders dargelegt in der anonymen Schrift: „Der Holzdiebstahl und die Errichtung öffentlicher Holzverkaufsanstalten im Obererzgebirge. Ein Beitrag zur spezielleren Kenntnis des Volkslebens und seiner Zustände. Auf Verlangen aus der konstitutionellen Staatsbürgerzeitung besonders abgedruckt. Grimma. Druck und Verlag des Verlags-Komptoirs, 1841." S. jetzt Eding, Rechtsverhältnisse, S. 176 ff.

Was die Massenhaftigkeit von Holzdiebstählen anlangt, so führt Baumgarten-Crusius, Das Forststrafgesetz für das Königreich Sachsen, S. 160, einige interessante Beispiele aus dem Jahre 1840 an. Nach Bernhardt, Geschichte, Bd. III, S. 140 steigerten sich nach 1816 Holzdiebstähle und Forstfrevel in West- und Süddeutschland, seit 1830 trat eine Minderung der Holzdiebstähle 2c. ein, 1848 „brachte einen Rückschlag und ganz allgemein in Deutschland heftige Angriffe gegen die Wälder," seit 1850 ist eine stetige Abnahme der Holzdiebstähle zu konstatieren (Noten auf S. 141 ebenda). Die Statistik vermag nur die bestraften Forstdiebstähle nachzuweisen; die Zahl der begangenen ist nicht festzustellen.

10. Waldeigentum ein Sonderbegriff?

Wie oben angedeutet wurde, soll nach einer Meinung der Forstdiebstahl von jeher etwas andres gewesen sein als gemeiner Diebstahl, mit diesem nur den Namen gemein haben.

Daß ehedem die Entwendung stehenden Holzes nicht als Diebstahl strafbar war, wurde erwähnt.

Der Umschwung der forstwissenschaftlichen Anschauungen und die Entwickelung gewisser Rechtsbegriffe, wie sie sich seitdem vollzogen haben, sind aber an dem hier behandelten Delikt nicht spurlos vorübergegangen.

Man hat zunächst versucht, einen begrifflich von dem gemeinen Diebstahl differierenden Charakter des Spezialdelikts schon dadurch zu gewinnen, daß man auf das juristische Wesen des Waldeigentums als eines Sonderbegriffs hinwies.[23]) Es darf jedoch heute sicherlich die Entwickelung des Eigentums an Grund und Boden überhaupt als eine derart abgeschlossene angesehen werden, daß dem Waldeigentum an sich dieselbe juristische Kraft innewohnt wie jedem andern Eigentum. An sich ist auch der Waldeigentümer zu allen dem absoluten Eigentümerrechte entspringenden Nutzungen und Befugnissen berechtigt und nicht gezwungen, auf einige von den letzteren verzichten zu müssen. Beschränkungen des Waldeigentümers im öffentlichen Interesse sind kraft besonderer Anordnung getroffen und resultieren nicht aus der Natur des Waldeigentums als solchen.

Was die Hauptprodukte des Waldes — insbesondere das stehende Holz — anlangt, so unterliegt es gar keinem ernstlichen Zweifel, daß dessen Nutzung eine Eigentumsnutzung wie jede andre ist. Wohl aber hat man geglaubt, dem Waldeigentümer die Berechtigung auf gewisse Nebennutzungen ipso jure bestreiten zu dürfen.

So wird insbesondere behauptet, in den westlichen Gebieten Deutschlands bestehe mit bezug auf einzelne Nebenerzeugnisse, als Beeren, Pilze und Kräuter, ein „auf uraltes Gewohnheitsrecht gegründetes Recht" (Bähr, S. 9) der Bevölkerung am Walde.[24])

---

[23]) A. S. v. Seutter, Die Forstpolizei-Strafgesetzgebung, speciell §§ 4 ff. Dr. O. Bähr, Der hessische Wald. Eine Darstellung der in dem vormaligen Kurfürstentum Hessen am Walde bestehenden Rechtsverhältnisse. Kassel, 1879. Vergl. auch Roßhirt, Lehrbuch des Kriminalrechts (1821), S. 402, § 181.

[24]) Vergl. auch Bähr's Rede im preußischen Abgeordnetenhause (Stenogr. Berichte der Verhandl. des 78er Landtags. Haus der Abgeordneten. 2. Bd.

Diese Ansicht glaubt hier ein letztes Überbleibsel ehemaliger Zustände vor sich zu haben, während doch unter diesen Zuständen die Nutzung des Waldes überhaupt einer Regelung noch nicht unterlag, ganz besonders aber von einem fertig ausgeprägten Eigentumsbegriff rücksichtlich des Grundes und Bodens noch gar nicht die Rede sein konnte.

Es läßt sich aus historischen Reminiszenzen schwerlich ein überzeugender Beweis des Inhalts gestalten, daß als letzte Trümmer aus einer ursprünglich vorhandenen Gesamteigentümerschaft am Walde — oder wie man dieses geschichtlich und rechtlich nicht bis in alle Einzelheiten aufklärbare Verhältnis sonst nennen will — die der Allgemeinheit zustehenden Berechtigungen auf Nebennutzungen gerettet worden seien. Eine klare juristische Konstruktion in dieser Hinsicht ist nicht denkbar.

Thatsächlich gestattet der Waldeigentümer freilich der Allgemeinheit oft die Okkupation gewisser Waldnebenprodukte, zumal, wo sie nicht schadet und der Materialwert bedeutend geringer als die aufzuwendende Arbeit des Sammelns ꝛc. ist (s. Bernhardt, Waldwirtschaft, S. 64). Doch entspringt dieses Verhältnis nirgends einer Verpflichtung. Eine solche ist juristisch nicht vorhanden und wäre in wirtschaftlicher Hinsicht höchst bedenklich.

Die juristische Natur des Waldeigentums an sich benötigt demnach nicht, eine von der Art und Weise, wie Eigentum überhaupt strafrechtlich geschützt wird, abweichende Theorie aufzustellen.

S. 1104). „Soweit mir die Verhältnisse in Deutschland bekannt sind — ich will gleich bemerken, daß ich gehört habe, daß es in einzelnen Gegenden Ausnahmen gibt — hat unser Volk von jeher das Recht geübt, diese geringsten Waldprodukte, die, wenn sie nicht von den armen Leuten gesammelt werden, im Walde verfaulen, zu beziehen, im vollsten Bewußtsein seines Rechts, ohne daran zu denken, daß der Waldeigentümer berechtigt sei, dies zu verbieten" u. s. w. „Daß aber der Wald bis auf den heutigen Tag im Rechtsbewußtsein unseres Volkes nicht ein Eigentum ist, wie der Geldkasten in meiner Stube oder der Rock auf meinem Leibe, dafür haben Sie den Beweis alle in Händen. — Ich frage Sie, warum wird in dem Gesetz, das Ihnen vorliegt, der Forstdiebstahl, die Entwendung von Holz im Wald, nicht wie ein gewöhnlicher Diebstahl bestraft? Warum ist derjenige, der Holz aus dem Walde holt, während der gewöhnliche Dieb in der Auffassung unseres Volkes anrüchig ist, nicht mit gleicher Anrüchigkeit behaftet? Das ist eben die Anschauung des Volkes, daß der Wald in diesem Sinne nicht als ein ausschließliches Eigentum betrachtet wird." Die gegenteilige Auffassung vertritt vornehmlich Borggreve, Gesetzliche Regelung der Feld- und Forstpolizei, besonders S. 56 ff.

11. Gewahrsam am Walde und an dessen Teilen?

Die gegen das Eigentum gerichtete Handlung, welche als Diebstahl bezeichnet wird, charakterisiert sich aber durch den sogenannten Gewahrsamsbruch, und es mag, da der Begriff Gewahrsam ein absolut feststehender nicht ist, zweifelhaft erscheinen, wieweit der sogenannte Forstdiebstahl oder Holzdiebstahl mit dem Bruche eines Gewahrsams verbunden ist, wieweit er also dieses Kennzeichen des echten Diebstahls an sich trägt. Wenn das mittelalterliche Recht einen Diebstahl am stehenden Holz nicht kannte, so findet dies seine Rechtfertigung — neben andern Gründen — in dem Begriff der „Were."[25]) Der moderne Gewahrsamsbegriff ist eine weitergehende Vorstellung als die mittelalterliche Were. Die letztere umfaßte zunächst Haus und Hof (Wilda, S. 865) und bezeichnete in ihrer Erweiterung (Dollmann, S. 70) „den Besitz, in dem der freie Mensch haust und waltet, sein eingehegtes Besitztum, sofern demselben zu des Inhabers gunsten ein besonderer Friede, ein rechtlicher Schutz gewirkt ist." Das unmittelbare Schutzverhältnis, unter dem die Sache zur Person steht, ist das maßgebende. Es muß sich die Sache infolge dieses Verhältnisses in einem besonders bewahrten Zustande befinden, die Person als Verwahrer der Sache erscheinen. Die Bäume des Waldes, auf dem freien Felde und dergleichen Bodenerzeugnisse standen außerhalb dieses engen thatsächlichen Verhältnisses (vergl. Cropp, S. 31). Hier konnte ein Rechtsfrieden, welcher der Sache durch die Person und wegen der Person gesichert sein sollte, nicht gestört werden. Das Unzureichende dieser alten Anschauung wurde dadurch anerkannt, daß bezüglich des Diebstahls einzelne Objekte, wie z. B. der Pflug auf dem Felde u. dergl. als besonders „befriedete" Sachen ausgezeichnet wurden. Das spätere mittelalterliche Recht nimmt keinen Anstoß, auch nicht augensichtlich befriedete Ländereien als in der Were stehend zu bezeichnen (Cropp, S. 23 bei Note 20). Dieser Entwickelung folgend,[26]) geht das moderne Recht über einen „Kasten"-, „Taschen"-,

---

[25]) S. Cropp, Der Diebstahl nach dem älteren Recht der freien Städte Hamburg, Lübeck und Bremen, in Hudtwalcker und Trummer, Kriminalistische Beiträge, Bd. II., bes. 16 ff.

[26]) Vergl. auch z. B. Günther, De furti notione per leges constituta accuratius definienda (1806), S. 80. „In custodia vero etiam sunt, quae extra domum a nobis possidentur, ut fructus in hortis, arbores in sylva."

„Zimmer"-, „Haus"-, „Hof"-, „Garten-Gewahrsam" hinaus und nimmt unbedenklich einen „Acker-Gewahrsam" an (Schütze, Lehrbuch, S. 428; Rotering, Gerichtssaal, Bd. 35, S. 370). Warum sollte, um in dieser Terminologie weiter zu reden, ein „Waldgewahrsam" ausgeschlossen sein?

Es ist doch nicht bloß die treibende, selbstthätige Naturkraft, die uns in dem Walde, wie er heute ist, entgegentritt. So wie die Waldungen gegenwärtig stehen, hat diese der Mensch sich erschaffen, erarbeitet.[27])

Einer solchen Thatsache gegenüber kann prinzipiell nicht die Rede davon sein, daß die Merkmale des Gewahrsams — die faktische Verfügungsmöglichkeit und der Beherrschungswille — auf das Verhältnis des Waldeigentümers oder dessen Vertreters zu dem ihm unterstehenden Wald samt seinen Erzeugnissen nicht zuträfen. Gerade hier muß der Grundsatz gelten: Je minder Verwahrung möglich, desto mehr Befriedung! (Schütze, l. c. S. 428).

Der Waldeigentümer muß, wenn er ein vernünftiger Wirt sein will, von der Anschauung ausgehen, den Wald mit allen seinen natürlichen Hervorbringungen haben, beherrschen und nutzen zu wollen. Von vornherein existiert eine zwischen die Geltendmachung dieses Herrschaftswillens und die Sache selbst tretende Unmöglichkeit nicht. Hiernach ist aber der Begriff des Gewahrsams gegeben (Rotering, Gerichtssaal, Bd. 35, S. 370).

Was speziell die subjektive Seite des Gewahrsams, den Herrschaftswillen anlangt, so ist zu bemerken, daß es Wälder, welche überhaupt gar nicht wirtschaftlich genutzt würden, jetzt nicht mehr, wie einst zur Zeit der Weistümer und der Rechtsbücher, in Deutschland gibt. Von einem wirtschaftlich benutzten Wald aber kann man unbedenklich annehmen, daß er so weit im Gewahrsam steht, als die wirtschaftliche Nutzung reichen will. Wirtschaftliche Nutzung und Gewahrsam sind freilich nicht identisch, nur wird erstere, soweit sie sich erstreckt, im Zweifel ein Kennzeichen für die Existenz des letzteren abgeben.

Gibt es also ein Recht der Allgemeinheit auf die Okkupation selbst untergeordneter Waldprodukte nicht und steht das Erzeugnis

[27]) „Daß unsere Waldungen schon längst mehr und mehr zu Produkten der menschlichen Arbeit werden, das wissen wir alle aus unserer praktischen Thätigkeit, unseren umfangreichen Kulturnachweisungen nur zu gut." Fürst auf der zehnten Versammlung deutscher Forstmänner. Bericht S. 36.

des Waldes — mag es nun z. B. ein Baum, ein Beerenstrauch, eine sonstige Pflanze, das auf dem Boden verwesende, als Düngung und Decke unentbehrliche Laub- und Nadelwerk (Waldstreu) oder dergl. mehr sein — im Gewahrsam, so hindert nichts, die Wegnahme von Waldprodukten unter den Diebstahlsbegriff des § 242 zu bringen. Ob und wieweit hiervon die geltenden Rechte Gebrauch gemacht haben, ist im einzelnen zu untersuchen. Fehlt eine partikularrechtliche Bestimmung über die unbefugte Aneignung von Forstprodukten, so ist die Anwendbarkeit des § 242 nach dem Resultat der bisherigen Betrachtung gegeben.

12. Substanzverletzung als Merkmal des Forstdiebstahls?

Ein Bedenken gegen die gesetzliche oder, soweit solche möglich ist, richterliche Subsumtion der Forstproduktenentwendung unter den gemeinen Diebstahl ließe sich prinzipiell darauf gründen, daß diese Entwendung in vielen Fällen ohne Substanzverletzung nicht denkbar ist. Der Baum muß gefällt, der Ast abgebrochen werden, wenn seine Aneignung erfolgen soll. Thatsächlich hat eine frühere Anschauung hierin das entscheidende Moment erblickt, weswegen speziell die Wegnahme von stehendem Holz nicht gemeiner Diebstahl sei.[28] Gegenwärtig nimmt man jedoch nicht Anstoß, einen vermeintlich aus Sachbeschädigung und Diebstahl zusammengesetzten Thatbestand lediglich als Diebstahl zu behandeln, wenn der Vorsatz des Thäters nicht sowohl auf die Zerstörung als vielmehr lediglich auf die Aneignung der Sache gerichtet war (vergl. Rüdorff-Stenglein, Kommentar, 3. Aufl., S. 540 unter 5). Es kommen also hier für den Forstdiebstahl dieselben Gesichtspunkte zur Geltung wie für jeden nicht qualifizierten Diebstahl, der lediglich durch das Mittel einer Substanzbeschädigung zur Vollendung kommt. Liegt eine spezielle Strafdrohung für den Forstdiebstahl vor, so verfolgt diese den Zweck, die Strafdrohung sowohl des § 303 als des § 242 Str.-G.-B. außer Wirkung zu setzen.

Es braucht aber der Forstdiebstahl im heutigen Sinne nicht einmal in dieser Weise mit einer Sachbeschädigung verbunden zu sein: das unbefugte Aneignen z. B. des vom Winde zu Boden ge-

---

[28]) Vergl. den Abdruck aus der L. Hahnschen kommentierten Ausgabe des Holzdiebstahlsgesetzes vom 2. Juni 1852 in Borggreves Forstliche Blätter, Jahrg. 15, Heft 1, S. 3.

worfenen Holzes wird ebenfalls als Forstdiebstahl behandelt, ebenso das unbefugte Wegnehmen der auf dem Boden liegenden Streu u. dgl. m. So ist das Vorhandensein einer miterfolgenden Sachbeschädigung keineswegs ein besonderes Charakteristikum für das hier betrachtete Sonderdelikt.

13. Geringwertigkeit der Objekte. Kulturgefährdender Charakter des Forstdiebstahls.

Wohl aber ist zu beachten, daß bei dem Forstdiebstahl der Gewahrsamsbruch an sich ein augenfälliger, merkbarer nicht ist. Vielfach erscheint das Wegnehmen nicht sowohl um seiner selbst willen als strafwürdig, sondern vielmehr wegen der sich anknüpfenden, möglichen Schadensfolgen für die Forstkultur als gefährlich und deswegen verbietenswert. Das Objekt der Forstdiebstähle hat häufig genug nur den Wert weniger Pfennige, so regelmäßig, wenn es sich um dürres Holz und um die Nebenprodukte handelt. Ein Blick in die den Gerichten seitens der Forstbehörden zugehenden Forstrügelisten lehrt dies ohne weiteres.[29]) Ja, es ist vielleicht keine Seltenheit, daß der anzeigende Forstbeamte in Verlegenheit darüber gerät, ob dem entwendeten Erzeugnis ein, wenn auch noch so gering bezifferter Wert beigelegt werden kann. Und gleichwohl kann die Wegnahme dieses Materials von so minimalem Werte nicht selten „eine Zerstörung des Zusammenhanges, des Schlusses und normalen Wuchses der Bestände" darstellen.[30])

Es stünde nichts im Wege, von diesem Gesichtspunkte aus in die gesetzgeberische Regelung des Gegenstandes einzutreten, den bei dem fraglichen Akte unterlaufenden Diebstahls-Thatbestand gänzlich

---

[29]) Eine für Württemberg aufgestellte Statistik ergab, daß bei 91 Procent der abgeurteilten Forstfrevel der Wert des Objekts unter 1 Mark betrug, bei 8,6 Procent zwischen 1—10 Mark und bei 0,15 zwischen 10—20 Mark. (Bericht über die zehnte Versammlung deutscher Forstmänner, S. 34).

[30]) Bernhardt im preußischen Abgeordnetenhaus. Stenogr. Berichte, S. 1837. Vergl. auch die Rede des Reg.-Komm., Geh. Justizr. Oehlschläger ebenda S. 1109. Krause, Über die Forstgesetzgebung in Deutschland. Gotha 1834, S. 28 unten, S. 29. Borchardt, Holzdiebstahl, S. 92 ff. Roth, Theorie der Forstgesetzgebung und Forstverwaltung. München 1841, § 63 Bericht über die X. Versammlung der Forstmänner, S. 37. „Die Entwendung einiger grünen Stangen und Stämme verursacht möglicherweise eine Lücke, die nun Jahrzehnte lang ertragslos liegt, mit der Traglast Gras werden vielleicht Hunderte von Fichtenpflänzchen abgeschnitten." U. u. a. m.

zu ignorieren, lediglich den forstkulturgefährdenden Charakter der Handlung im Auge zu behalten, die Handlung also zu verbieten als solche, nicht als Diebstahl, lediglich ein Gefährdungs-, kein Verletzungsverbot aufzustellen. Auf diesen ausschließlich präventiv-polizeilichen Standpunkt hat sich jedoch keine der im nachstehenden betrachteten Gesetzgebungen über Forstdiebstahl gestellt, selbst da wo der verbrecherische Wille und die Rechtsgüterverletzung völlig unbeachtlich bleiben könnten und es durchaus genügen würde, die Handlung in der Form eines nur seiner Erscheinung wegen im Interesse der Ordnung zu verpönenden Unrechts zu betrachten.

Die Nachweisung im einzelnen wird ergeben, daß die Partikulargesetze — selbst das älteste der jetzt geltenden Gesetze nicht ausgenommen, vgl. unten Abschn. 36 — für das fragliche Delikt den Thatbestand des Diebstahls mit allen seinen Erfordernissen zu Grunde gelegt haben.

Ausschluß der Weidefrevel.

Nur eine Form der rechtswidrigen Aneignung von Forstprodukten wird regelmäßig nicht als Diebstahl behandelt, diejenige nämlich, bei welcher der Dieb die Wegnahme und Aneignung durch das Maul seiner Tiere vollzieht. Überall finden sich Strafdrohungen gegen unbefugtes Weiden im Walde, wenn auch nicht immer in denselben Gesetzen, die den Forstdiebstahl *κατ' ἐξοχήν* behandeln. Ein solches immer an sich strafbares Delikt schließt, soweit auch für diese Art einer rechtswidrigen Aneignung sonst der Diebstahls-Thatbestand zutreffen würde, die für den Diebstahl beziehentlich Forstdiebstahl angedrohten Strafen aus, da den letzteren gegenüber insoweit eine lex specialis vorliegt. Die nachstehende Betrachtung der Partikularrechte wird die Weidefrevel nicht mit umfassen, da sie eine selbständige, außerhalb des Begriffes des Forstdiebstahls stehende Gruppe bilden.

Auch sonst finden sich — ebenfalls durchweg von letzterem Begriff ausgeschlossen — in den Feld- und Forstpolizeigesetzen zahlreiche Thatbestände mit Diebstahlscharakter lediglich unter dem Gesichtspunkt von Gefährdungsverboten behandelt. Gegenstand vorliegender Betrachtung aber soll nur das in den Partikulargesetzen selbst als „Forstdiebstahl" (gemäß des Abschnittes 9) erscheinende Delikt sein.

Forstdiebstahl ein privilegiertes Delikt.

Auch dem Forstdiebstahl selbst sind die Erwägungen, welche zu einer polizeilichen Behandlung der Materie insgesamt hätten führen können und bei den verwandten Delikten zu einer solchen geführt haben, nicht unberücksichtigt geblieben. So tritt die Verwandtschaft des Forstdiebstahls mit den Übertretungen zunächst darin hervor, daß er — als ein privilegierter Diebstahl — durch Geldbuße gesühnt werden kann, die auch im Falle der Uneinbringlichkeit nicht überall in Gefängnis umgewandelt wird.

Die Geringwertigkeit der Objekte und der durch die leichte Zugänglichkeit derselben gegebene Anreiz zur Wegnahme rechtfertigen diese Privilegierung. Hier kommen ähnliche Gesichtspunkte, wie bei der Genußmittelentwendung, § 370, 5 Str.-G.-B., zur Berücksichtigung, und es erscheint daher eine gleichmäßige Behandlung beider Delikte dereinst im Rahmen des gemeinen Rechts nicht unangemessen.

Versuch.

Die Rücksicht auf die Gefährlichkeit der Handlung für die Waldkultur bot eine Veranlassung dazu, den Begriff des Versuchs gegenüber dem gemeinen Recht zu modifizieren, sodaß die Forstdiebstahlsgesetze zumeist entweder jeden Versuch mit der Strafe der vollendeten That belegen oder die Vollendung zu einem früheren als dem nach § 43 Str.-G.-B. möglichen Zeitpunkt eintreten lassen.

Straftaxen.

Die Beachtung des Wertes der Objekte endlich sollte noch darin besonderen Ausdruck finden, daß man absolute, nach der Wertshöhe des Entwendeten fixierte Strafen festsetzte.[31])

14. Bedeutung der Behandlung des Forstdiebstahls als Diebstahl.

Die Schwierigkeit, festzustellen, ob gewisse Waldprodukte sich im Gewahrsam befinden, vermochte den Gesetzgeber zur Aufstellung hierauf bezüglicher Präsumtionen. Denn nur als eine Präsumtion darüber, daß ein Gewahrsam vorhanden sei, kann es aufgefaßt werden, wenn der Gesetzgeber anordnet: „Forstdiebstahl ist

---

[31]) Gegen diese Tarifierung der Strafen schon Pfeil, Die Forstpolizeigesetze Deutschlands und Frankreichs (1834), S. 8.

der Diebstahl an den nachfolgends aufgezählten Forstprodukten." Der Richter ist an diese Präsumtion über die Gewahrsamseigenschaft nicht weiter gebunden als überhaupt an jede widerlegbare Präsumtion; findet er, daß ein Gewahrsam nicht existiert, so kann er wegen Diebstahls überhaupt, also auch wegen Forstdiebstahls, nicht verurteilen.

Es würde dann allenfalls fraglich erscheinen, wieweit der Begriff der Unterschlagung Anwendung finden könnte, wenn es sich nicht um die straflose Occupation freigegebener Forstprodukte handelt. Frühere Gesetzgebungen lassen diese Auffassung mit dem von ihnen gebrauchten Ausdruck „Holzdefraudation" durchschimmern.

Die positiv rechtliche, im einzelnen noch nachzuweisende Begriffsbestimmung des Forstdiebstahls als Diebstahls ergibt aber überhaupt die Konsequenz, daß — außer dem Gewahrsam der Sache — alle Merkmale des Diebstahls vorliegen müssen, wenn eine Verurteilung wegen Forstdiebstahls ausgesprochen werden soll.

Und es folgt weiter, daß auf den Forstdiebstahl alle den Diebstahl betreffende Bestimmungen des Strafgesetzbuchs Anwendung finden müssen. Dem kann das Spezialgesetz nur durch ausdrücklichen oder stillschweigenden Ausschluß der gemeinrechtlichen Bestimmungen vorbeugen. Ausgeschlossen erscheint insbesondere die Anwendbarkeit der §§ 243, 244, 245 Str.=G.=B. auf den Forstdiebstahl durch Aufstellung eines besonderen Systems von Qualifikationsgründen und Rückfallsbestimmungen.

Bezüglich solcher Thatbestände, die als Annexe eines Diebstahls erscheinen, z. B. § 252 Str.=G.=B., gilt nach obigem, daß der in ihnen vorausgesetzte Diebstahl auch ein Forstdiebstahl sein darf. Zweifelhaft ist nur, ob hier mit Rücksicht auf den Forstdiebstahl die Partikulargesetze zu Abänderungen befugt sind. Zu berücksichtigen ist, daß die dem Landesrecht gelassenen Strafmittel (Einf.=Ges. § 5) nur für Delikte leichteren Charakters ausreichend erscheinen; demgemäß kann z. B. nicht die Rede davon sein, daß das Partikularrecht die Strafe des Raubes im Falle des § 252 Str.=G.=B. deswegen ausschließen darf, weil der dort genannte Diebstahl ein Forstdiebstahl ist (Rüdorff zu § 252). Ein Beispiel andrer Art für dieselbe Frage würde die Hehlerei bieten. Hierüber wird unten (Abschn. 24) gehandelt werden.

c) Die einzelnen Gesetzgebungen.

1. Preußen.

15. Geschichtliches.

In Preußen hat an Stelle der zahlreichen, bis dahin in Geltung gewesenen Forstordnungen zuerst das Gesetz vom 7. Juni 1821 die Untersuchung und Bestrafung des Holzdiebstahls einheitlich geregelt. Dieses Gesetz bezog sich nicht auf die widerrechtliche Aneignung der Nebenprodukte des Waldes (Hahn, S. 3) und ließ es, (§ 32), was gefälltes, Schwemm- und Floßholz betraf, bei den Bestimmungen des allgemeinen Landrechts bewenden.[32]) Nachdem bereits im Jahre 1843 durch eine vorläufige Verordnung über die Ausübung der Waldstreu-Berechtigung vom 5. März (G.-S. 104) die Entnahme von Waldstreu einer Regelung unterzogen worden war, stellte das Gesetz vom 2. Juni 1852 (G.-S. S. 305) den Diebstahl von Gras, Kräutern, Streuwerk, Waldsämereien, Harz und ähnlichen Walderzeugnissen dem Holzdiebstahl durchweg gleich und definierte letzteren selbst als einen „Diebstahl an Holz in Forsten oder auf andern Grundstücken, auf welchen dasselbe hauptsächlich der Holznutzung wegen gezogen wird" (§ 1), wobei es die noch nicht erfolgte Perzeption des Holzes ꝛc. für die Anwendbarkeit dieses Spezialgesetzes voraussetzte.

Nach Einführung des Bundesstrafgesetzbuches traten so vielerlei Zweifel über die fortdauernde Giltigkeit einzelner Bestimmungen des 52er Gesetzes zu Tage,[33]) daß bei der bevorstehenden Neuorganisation des gerichtlichen Verfahrens zugleich eine Änderung der materiellrechtlichen Bestimmungen über den Holzdiebstahl dringend notwendig erschien.

---

[32]) § 32: „In Ansehung der Entwendungen des bereits gefällten, im Walde oder an den Ablagen stehenden Nutz- oder andern Holzes, sowie des Schwemm- oder Flößholzes, behält es bei den Strafbestimmungen der §§ 1140 bis 1144 des 20. Titels, Teil II des Allgem. Landrechts, mit Weglassung der körperlichen Züchtigung, und in denjenigen Provinzen, worin das Allgemeine Landrecht noch nicht eingeführt ist, bei den dort geltenden Strafgesetzen sein Bewenden."

[33]) Über die Differenzen zwischen dem Gesetz von 1852, das auf das preußische Strafgesetzbuch zugeschnitten war, und dem Bundesstrafgesetzbuch handelt Nitze, Das Holzdiebstahlsgesetz und das deutsche Strafgesetzbuch. Goltdammer Archiv XIX (1871), S. 732.

Diesem Erfordernis sollte das Gesetz, betreffend den Forstdiebstahl vom 15. April 1878 (G.-S. S. 222), in Kraft getreten am 1. October 1879, genügen.

Thatbestand. Forstdiebstahl ist Diebstahl.

Das erwähnte Gesetz bezeichnet in seinem § 1 „Diebstahl" als die von ihm unter Strafe gestellte Handlung und zwar, wie sich aus der weiteren Formulierung ergibt, einen mit Rücksicht auf das Objekt und den Ort der Wegnahme begrenzten Diebstahl.

Hat also das preußische Recht schon früher den Holzdiebstahl durchaus als Diebstahl betrachtet und ist nunmehr ein im Reichsstrafgesetzbuche nach Namen und Inhalt festgestellter Begriff vorbehaltlos in das spätere Spezialgesetz aufgenommen worden, so kann auch der Forstdiebstahl des geltenden Rechts von dem Diebstahl des § 242 begrifflich nicht geschieden sein.[34])

Bemühungen, den Holzdiebstahl gegenüber dem gemeinen Diebstahl zu differenzieren, scheiterten bei den parlamentarischen Verhandlungen durchaus, insbesondere fiel ein Antrag (des Abgeordneten Schröter-Barnim, Anlagen zu den Verhandlungen des Abgeordnetenhauses 1877, Bd. II. Nr. 279 sub B II) mit der Intention, das Moment der gewinnsüchtigen Absicht in den Begriff des Forstdiebstahls hineinzutragen und zugleich als Objekt des letzteren nur Gegenstände zuzulassen, die nach Quantität und Wert

---

[34]) Über den Charakter des Holzdiebstahls nach dem 52er Gesetze siehe den Aufsatz von Loycke in Goltdammers Archiv, Bd. 15 gegen das ebenda im Bd. 14 abgedruckte Gutachten. § 1 des geltenden F.-D.-G. lautet:

„Forstdiebstahl im Sinne dieses Gesetzes ist der in einem Forst oder auf einem andern hauptsächlich zur Holznutzung bestimmten Grundstücke verübte Diebstahl:

1. an Holz, welches noch nicht vom Stamme oder vom Boden getrennt ist;
2. an Holz, welches durch Zufall abgebrochen oder umgeworfen und mit dessen Zurichtung noch nicht der Anfang gemacht worden ist;
3. an Spänen, Abraum oder Borke, sofern dieselben noch nicht in einer umschlossenen Holzablage sich befinden, oder noch nicht geworben oder eingesammelt sind;
4. an andern Walderzeugnissen, insbesondere Holzpflanzen, Gras, Haide, Plaggen, Moos, Laub, Streuwerk, Nadelholzzapfen, Waldsämereien, Baumsaft und Harz, sofern dieselben noch nicht geworben oder eingesammelt sind.

Das unbefugte Sammeln von Kräutern, Beeren und Pilzen unterliegt forstpolizeilichen Bestimmungen."

nicht ganz unerheblich seien. Die in den ständischen Beratungen vielfach hervorgehobenen Befürchtungen, eine allzu fühlbare Strenge würde sich bei Anwendung des Spezialgesetzes ergeben, sind lediglich dieselben, wie sie sich gegenüber der Fassung des § 242 Str.-G.-B überhaupt geltend machen lassen. Es ist bei Betrachtung und Handhabung dieser Bestimmungen wie bei dem Umstande, daß gerade die Objekte des Forstdiebstahls einen höchst geringfügigen Wert zu haben pflegen, ausdrücklich Gewicht darauf zu legen, daß der Thäter bei der Aneignung minimalwertiger Sachen vielfach ohne das Bewußtsein der Rechtswidrigkeit handelt. Wer beim Abbrechen eines kleinen Zweiges oder dergleichen, etwa zum Hutschmuck, die Einwilligung des Eigentümers voraussetzt, wird sich regelmäßig in einem Irrtum überhaupt nicht oder doch nur in einem strafrechtlich ihm ungefährlichen Irrtum befinden. Zu den Thatbestandsmerkmalen des Diebstahls gehört die Absicht der rechtswidrigen Aneignung. Erscheint dem Richter die Versicherung des Thäters glaubhaft, daß letzterer die Einwilligung des Eigentümers vorausgesetzt habe, und ergiebt sich nicht aus anderen Momenten die Absicht der rechtswidrigen Aneignung, so wird es zu einer Verurteilung wegen Diebstahls nicht kommen können (cf. die Erklärungen des Regierungskommissars, Geh. Justizrat Oehlschläger über die von ihm in der Kommission gemachten Äußerungen. Haus der Abgeordneten Bd. II, S. 1763).

Die Beschränkung des Spezialdelikts nach Gegenstand und Ort ergibt sich aus folgendem (Abschn. 16—18).

16a). Forstdiebstahl ein objektiv beschränkter Diebstahl.

Gegenstände des Forstdiebstahls sollen lediglich noch nicht von Menschenhand gewonnene Walderzeugnisse sein. Das Gesetz nennt zunächst: noch nicht perzipiertes Holz und noch nicht perzipierte Holzabfälle, sodann „andre Walderzeugnisse.“ Für den Begriff „Walderzeugnisse“ giebt das Gesetz eine Reihe von Beispielen, es nennt als solche: Holzpflanzen, Gras, Heide, Plaggen, Moos, Laub, Streuwerk, Nadelholzzapfen, Waldsämereien, Baumsaft und Harz. Hieraus ergiebt sich, daß das Gesetz überhaupt nicht alles, was der Waldboden an Nutzungen gewährt, sondern nur die Gewinnungen aus den Pflanzenbestandteilen des Waldes treffen will. So kann z. B. der Waldboden insofern für ein Walderzeugnis gelten, als er gerade durch den besonderen Einfluß derjenigen Bodendecke, wie sie im Walde sich findet, in einer durchaus eigentümlichen Weise umgebildet und entwickelt wird (vgl. Albert, Staatsforstwissenschaft, § 3). Bodenbestandteile — die Gewinnung von Sand, Lehm, Thon wird häufig in Wäldern betrieben — gehören jedoch nicht in die Bestimmungen des Spezialgesetzes hinein, sie fallen unter § 370 1, 2 Str.-G.-B. Daß freilich das Partikulargesetz in seinen Rahmen die im Reichsgesetze an der zitierten Stelle erwähnten Plaggen — die allerdings nicht bloß Bodenbestandteile sind — einbezogen hat, ist nicht zu billigen. Gleichwohl ist die Landesgesetzgebung in der Lage, sich auf die ihr bewilligte Freigabe der Feld- und Forstpolizei zu berufen, wenn sie bereits im gemeinen Recht schlechthin geregelte Übertretungen einer erneuten Behandlung aus feld- oder forstpolizeilichen Rücksichten unterwirft. Sogenannte Holzerde dagegen z. B. ist faules Holz im pulverisierten Zustande, also nicht Erde, nicht Bodenbestandteil und darf demgemäß den „Walderzeugnissen“ des Spezialgesetzes zugerechnet werden (Neubronn, S. 22 n. 13). Zu letzteren lassen sich ferner gemäß obiger Begriffsbestimmung nicht rechnen die Nutzungen aus der im Walde existierenden Tierwelt, z. B. abgeworfene Hirschstangen, Balg und Kadaver gefallener Tiere, Ameiseneier, Honig wilder Bienen u. dgl. m. Hinsichtlich dieser also ist, wenn sich nicht etwa sonst in Spezialgesetzen Bestimmungen hierüber finden, nach allgemeinen Grundsätzen zu beurteilen, wieweit die Aneignung eine strafbare Handlung darstellt.

b) Gewisse Forstprodukte ausgeschlossen.

Ausdrücklich ausgeschlossen von den Walderzeugnissen, deren Wegnahme die Strafe des Forstdiebstahls begründet, sind Kräuter, Beeren und Pilze. Über ihre Aneignung sollen polizeiliche Bestimmungen entscheiden (§ 1 a. E.).

Unter Kräutern sind hierbei nur die zum Genusse für Menschen bestimmten, insbesondere die offizinellen Kräuter (Medizinalkräuter) gemeint; die als Viehfutter bestimmten Kräuter, z. B. wilder Klee u. dgl. gehören unter die „andern Walderzeugnisse“ des § 1, Ziff. 3, eventuell unter die dort genannte Kategorie „Gras“ (Oehlschläger-Bernhardt, Forstdiebstahlsgesetz zu § 1 n. 13 a. E.; Kommissionsbericht, Anlagen zu den Verhandlungen des Abgeordnetenhauses 1877—78, Bd. II S. 1546).

Das 52er Holzdiebstahlsgesetz hatte die Okkupation der Kräuter,

Beeren und Pilze durchaus der Okkupation andrer Walderzeugnisse gleich behandelt und bestraft (§ 2 desselben). Der gegenwärtige Zustand, wonach in Preußen eine gesetzliche Regelung über diesen Punkt nicht mehr existiert, ist das Resultat der parlamentarischen Kämpfe und der hieran sich knüpfenden politischen Agitation, die beide ihren Abschluß erst mit dem Zustandekommen des Feld- und Forstpolizeigesetzes fanden (Geschichte und Charakteristik dieser Agitation giebt Borggreve, gesetzl. Regelung).

Wenn man sich gegen eine gesetzliche Bestimmung über das Sammeln der drei Arten von Nebenprodukten bei der Entstehung des geltenden Gesetzes mit Erfolg gesträubt hat, so ist dies nur mit Rücksicht auf die allerdings lokal sehr verschiedene Handhabung der Eigentümerrechte in der Disposition über diese Erzeugnisse und aus der hieran geknüpften Befürchtung zu erklären, der bisher dem Publikum wohlgesinnte Eigentümer könne an der Hand der gesetzlichen Bestimmungen zur Schikane verschreiten. An diese Verschiedenheit will § 41 des preußischen Feld-Forstpolizeigesetzes vom 1. April 1880 anknüpfen mit seiner Bestimmung: „Mit Geldstrafe bis zu zehn Mark oder mit Haft bis zu drei Tagen wird bestraft, wer auf Forstgrundstücken bei Ausübung einer Waldnutzung den Legitimationsschein, den er nach den gesetzlichen Vorschriften oder Polizeiverordnungen, nach dem Herkommen oder nach dem Inhalt der Berechtigung lösen muß, nicht bei sich führt." Weder wäre durch die Aufrechterhaltung des früheren Zustandes, d. h. durch die Nichtausschließung der Kräuter, Beeren und Pilze aus dem § 1 des Forstdiebstahlsgesetzes den aus dem Eigentum resultierenden Befugnissen eine Erweiterung zu Teil geworden, noch auch hätte anderseits, wie dies schon oben berührt worden ist, durch die Einbeziehung dieser Produkte in den § 1 deren Wegnahme einen strafbaren Charakter da erhalten, wo der Eigentümer auch fernerhin die Okkupation — selbst nur stillschweigend — geduldet hätte. So aber entbehrt der Waldeigentümer in bezug auf einen vielleicht sehr wohl zu fruktifizierenden Teil seines Eigentums des gesetzlichen strafrechtlichen Schutzes, muß sich vielmehr günstigenfalls mit den Schutzbestimmungen von Polizei-Regulativen begnügen. Es ist insbesondere nach dem Wortlaut des Gesetzes und nach dem Sinne der parlamentarischen Verhandlungen anzunehmen, daß der Waldeigentümer bezüglich der erwähnten Produkte auch auf die Anwendbarkeit des § 242 oder andrer gemeinrechtlicher Bestimmungen sich nicht soll berufen dürfen, selbst wenn die Aneignung dieser Produkte durch einen dritten zivilistisch in keiner Weise zu begründen wäre. Der preußische Gesetzgeber geht eben von der Annahme aus, daß lediglich nach seinen Anordnungen die Frage für sämtliche vegetabilische Waldprodukte sich entscheiden soll, ob deren Aneignung strafbar ist oder nicht.

Diese Darlegungen dürften zur Beantwortung der Frage genügen, wie für Preußen die Grenzlinie zwischen strafbarer und strafloser Okkupation von Waldprodukten zu finden ist.

17. Forstdiebstahl ein Diebstahl an noch nicht perzipierten Forstprodukten.

Es ist nunmehr noch, soweit es sich um eine strafbare Okkupation handelt, die Abgrenzung der Strafbarkeit nach gemeinem Recht und nach dem Spezialgesetz zu zeigen. Diese ist bereits angedeutet durch den mehrfach gegebenen Hinweis, daß nur die noch nicht von Menschenhand perzipierten Walderzeugnisse unter das Spezialgesetz fallen. Insbesondere gehört die Wegnahme des gefällten Holzes unter den § 242 Str.=G.=B. Der Gewahrsam des letzteren wird nicht erst durch die Perzeption begründet; Gewahrsam besteht vor der Perzeption und ohne diese, denn — nach dem Wortlaut des Gesetzes — „Forstdiebstahl ist Diebstahl".

Das preußische Gesetz gibt in Ziffer 1 bis 4 des § 1 eine Kasuistik zur Bestimmung des Zeitpunktes, wann die Perzeption als erfolgt angesehen werden soll. Daß hierbei die Perzeption durch den Berechtigten vorgenommen sein müsse, ist nicht erforderlich (Günther, S. 10 unter 3). Es reicht nach der Kasuistik zur Anwendbarkeit des § 242 ein Zustand der Sache hin, aus welchem der Thäter schließen mußte, daß bereits ein dritter die Hand auf die Sache gelegt hatte. Es muß dem Thäter sichtbar sein, daß die Sache durch Menschenhand aus dem Naturzustand herausgebracht, daß ein engeres Verhältnis der Sache zu einer Person begründet ist, als das Verharren des Objekts in der ihm von der Naturkraft gegebenen Lage zu erzeugen vermag.

Diese Grenzlinie zwischen erfolgter und nichterfolgter Perzeption ist oft schwer, oft gar nicht sichtbar. Der Forstdieb wird schwerlich, soweit sie nicht, wie z. B. beim gefällten Holz, ohne weiteres in die Augen springt (die hier drohende schwerere Strafe wird er gern vermeiden — vgl. Tscherning S. 10, vorletzter Absatz), sich zu Erwägungen hierüber versteigen.

Nun erläßt der Richter seinen Strafbefehl ausschließlich auf Grund der Mitteilungen des Forstbeamten; der Charakter des summarischen Forstrügeverfahrens hindert ihn zudem, auf die Untersuchung des subjektiven Thatbestandes, insbesondere aber auf Erörterungen darüber sich einzulassen, ob dem Thäter die Perzeption erkennbar war (§ 242 Str.-G.-B.) oder nicht (§ 1 F. D. G.).

Man könnte demgemäß — als das a priori Rationelle — vermuten, der preußische Gesetzgeber habe die Perzeption resp. deren Mangel zu einem rein objektiven Merkmal für die Anwendbarkeit des § 242 Str.-G.-B. resp. des Forstdiebstahlsgesetzes gemacht. Daß er dies thatsächlich nicht gethan, daß er ein subjektives Thatbestandserfordernis für den § 242 Str.-G.-B. resp. für § 1 F. D. G. aufgestellt hat, ergibt sich aus folgender Erwägung.

Es ist nach § 1 F. D. G. auf gewisse Nebenprodukte § 242 Str.-G.-B. schon dann anzuwenden, wenn sie geworben oder angesammelt sind.

Wird der beim Holzfällen entstandene Abraum gestohlen, während er noch umherliegt, so findet das Spezialgesetz Anwendung; nachdem er aber auf einen Haufen zusammengekehrt ist, der § 242. Der Gewahrsam ist in beiden Fällen gleich stark oder gleich schwach, nur erkennbarer im letzteren Falle (Günther, S. 12 unter B.). Mit andern Worten: § 242 Str.-G.-B. greift dann Platz, wenn — Perzeption vorausgesetzt — dem Thäter das Vorhandensein eines Gewahrsams erkennbar war, während da, wo er einen Gewahrsam nicht zu erkennen vermochte, die mildere Strafe des Forstdiebstahlsgesetzes eintritt.

18. Forstdiebstahl ein lokal beschränkter Diebstahl.

Der Forstdiebstahl ist Diebstahl nicht bloß beschränkt rücksichtlich des Gegenstandes der Entwendung, sondern auch in lokaler Beziehung und zwar insofern, als er „in einem Forst oder auf einem andern hauptsächlich zur Holznutzung bestimmten Grundstück" begangen sein muß (§ 1 F. D. G.).

Das frühere Gesetz setzte die Beschränkung in die Zweckbestimmung des Holzes. Dieses mußte — auch wenn es nur aus Spänen, Abraum oder Borke bestand — in Forsten oder auf andern

Grundstücken hauptsächlich der Holznutzung wegen gezogen sein, um dem Spezialgesetz zu unterliegen, während bezüglich der übrigen Waldprodukte damals schon nur verlangt wurde, daß sie sich „in Forsten oder andern hauptsächlich zur Holznutzung bestimmten Grundstücken" befanden.

Der Formulierung des gegenwärtigen Gesetzes gegenüber erhebt sich zunächst die Frage: Wann ist ein Grundstück ein hauptsächlich zur Holznutzung bestimmtes? Von einem gewissen Moment und von welchem Moment der thatsächlichen Beschaffenheit an oder genügt schon die ernstliche Zweckbestimmung des Verfügungsberechtigten, um seinem Grundstück die vom Holzdiebstahlsgesetze verlangte Qualität zu verschaffen, d. h. die auf diesem vorgenommenen Handlungen künftighin unter ein andres Gesetz, dessen Anwendung dem Grundeigentümer unter Umständen pekuniär von Nutzen werden kann (s. unten Abschnitt 21), fallen zu lassen?

Selbst wenn man die objektive Beschaffenheit allein ins Auge faßt, kann die Beantwortung der Frage — auch für den Forsttechniker — zweifelhaft genug sein (Borggreve in: Forstliche Blätter 1878, 15. Jahrg., S. 14). Durchaus störend wirkt das „hauptsächlich"; ein nicht hauptsächlich, sondern nur nebenbei zur Holznutzung bestimmtes Grundstück untersteht also dem Forstdiebstahlsgesetze nicht.

Hieraus ergeben sich gegenüber dem Strafgesetzbuch und dem preußischen Forst- und Feldpolizeigesetz ganz sonderbare Komplikationen (vgl. Borggreve, gesetzliche Regelung, S. 74). Auch letzteres regelt den Holzdiebstahl — wenn auch nur implicite —, sofern derselbe als sogenannte „Feldentwendung" sich charakterisieren läßt. In § 18 des erwähnten Gesetzes wird mit Geldstrafe bis 150 Mark oder mit Haft bedroht, wer Gartenfrüchte, Feldfrüchte oder andere Bodenerzeugnisse entwendet. Daß Holz in der Form von Bäumen, Sträuchern, Buschwerk u. s. w. mit zu diesen „andern Bodenerzeugnissen" gehört, ist nicht zweifelhaft. Um der eben gedachten Strafbestimmung des Feld- und Forstpolizeigesetzes zu unterliegen, muß aber die Entwendung aus einem der nachfolgenden, im Gesetz aufgezählten Orte erfolgt sein: nämlich aus Gartenanlagen aller Art, Weinbergen, Obstanlagen, Baumschulen, Saatkämpen, Äckern, von Wiesen, Weiden, Plätzen, Gewässern, Wegen oder Gräben. Dieselbe Entwendung wird im § 19 sub 5 des Feld- und Forstpolizeigesetzes mit Geldstrafe von 5 bis 150 Mark oder Haft bedroht, wenn sie begangen wurde an „Kien, Harz, Saft, Wurzeln, Rinde oder Mittel- (Haupt-) Trieben stehender Bäume" und in § 20 mit Gefängnis bis zu drei Monaten oder bei mildernden Umständen mit 5 bis 300 Mark bestraft, wenn sie begangen wurde durch Wegnahme stehender Bäume, Frucht- oder Ziersträucher, — ausdrücklich ist in § 19, 5 und 20, 4 erwähnt: „sofern die Entwendung nicht als Forstdiebstahl strafbar ist."

Sind also die im § 18 aufgezählten Lokalitäten „hauptsächlich zur Holznutzung bestimmt" — man denke an eine Wiese, auf der vornehmlich Weiden zur Verwendung für Flechtereien u. dergl. gezogen werden —, so tritt das Forst- und Feldpolizeigesetz nicht in Kraft. Letzteres kommt aber nach § 6 überhaupt nur zur Anwendung, wenn der Wert des Entwendeten oder der angerichtete Schaden zehn Mark nicht übersteigt.

Das Forstdiebstahlsgesetz kennt eine solche Beschränkung nicht, droht auch in erster Linie nur Geldstrafen an. Hiernach entscheidet also bei Objekten über zehn Mark lediglich der Ort der Begehung darüber, ob Forstdiebstahlsstrafe oder die Straffolge des gemeinrechtlichen Diebstahls zu gewärtigen ist. Man kann im Forste oder „auf einem andern hauptsächlich zur Holznutzung bestimmten Grundstück" nicht perzipiertes Holz stehlen, soviel man mag, und hat zunächst nur Geldstrafe zu befürchten (vgl. hierzu Note 38, die letzten Worte). Wird aber außerhalb eines Grundstückes forstlicher Qualität gestohlen, so entscheidet der Ausfall der Werttaxe, ob der Thäter dem gemeinen Recht (fünf Jahre Gefängnis Maximum, keine mildernden Umstände, erste Stufe des Rückfalls 2c.) oder den Bestimmungen des Polizeigesetzes (im ungünstigsten Falle drei Monate Gefängnis Maximum) anheimfallen soll!

19. Strafensystem.

Die prinzipaliter angedrohte Geldstrafe des Forstdiebstahls wird bestimmt nach dem Werte des Entwendeten. Dieser verfünffacht ergibt die Strafe. Minimum der letzteren ist in allen Fällen eine Mark (§ 2). In gewissen Fällen wird der zehnfache Wert des Entwendeten — mindestens aber die Summe von zwei Mark — als Strafe angesetzt (§ 3)[35]. Diese Fälle sind ausgezeichnet durch die Zeit der Entwendung, durch die bei der That gezeigte besondere Böswilligkeit, insbesondere durch das Bestreben, sich der Strafverfolgung überhaupt (§ 3, Nr. 2 und 3) oder was die Konfiskation der benutzten Werkzeuge anlangt, zu entziehen, fernerhin durch den Gebrauch besonderer Werkzeuge oder Transportmittel, weiter durch das Objekt (Nr. 7 und 8) und den Ort der Entwendung.

Die preußische Gesetzgebung hält durchaus an dem System einer prinzipalen, absolut nach dem Werte des Entwendeten zu bemessenden Geldstrafe fest. Selbst da, wo eine Geldstrafe als ausreichende Sühne kaum erscheinen kann, wird die Freiheitsstrafe keineswegs an erster Stelle oder als ausschließliche Strafart genannt, sondern als sogenannte Zusatzstrafe. Neben der Geldstrafe kann in einer Reihe von Fällen auf Gefängnis bis zu sechs Monaten erkannt werden, nämlich wenn gemeinschaftliche Ausführung durch mindestens drei Personen (s. auch unten Abschn. 23, vorletzter Absatz) oder wenn gewinnsüchtige Absicht vorliegt (§ 6, 1 und 2)[36]. Ein andrer Fall, in dem diese zusätzliche Gefängnisstrafe gleichfalls fakultativ angedroht ist (§ 6 Ziff. 3)[36]) und ein Fall

---

[35]) § 3 F.-D.-G.: „Die Strafe soll gleich dem zehnfachen Werte des Entwendeten und niemals unter zwei Mark sein:

1. wenn der Forstdiebstahl an einem Sonn- oder Festtage oder in der Zeit von Sonnenuntergang bis Sonnenaufgang begangen ist;
2. wenn der Thäter Mittel angewendet hat, um sich unkenntlich zu machen;
3. wenn der Thäter dem Bestohlenen oder den mit dem Forstschutz betrauten Personen seinen Namen oder Wohnort anzugeben sich geweigert hat, oder falsche Angaben über seinen und seiner Gehilfen Namen oder Wohnort gemacht, oder auf Anrufen des Bestohlenen oder der mit dem Forstschutz betrauten Person, stehen zu bleiben, die Flucht ergriffen oder fortgesetzt hat;
4. wenn der Thäter in den Fällen Nr. 1—3, § 1 zur Begehung des Forstdiebstahls sich eines schneidenden Werkzeuges, insbesondere der Säge, der Scheere oder des Messers bedient hat;
5. wenn der Thäter die Ausantwortung der zum Forstdiebstahl bestimmten Werkzeuge verweigert,
6. wenn zum Zwecke des Forstdiebstahls ein bespanntes Fuhrwerk, ein Kahn oder Lasttier mitgebracht ist;
7. wenn der Gegenstand der Entwendung in Holzpflanzen besteht;
8. wenn Kien, Harz, Saft, Wurzeln, Rinde oder die Haupt- (Mittel-) Triebe von stehenden Bäumen entwendet sind;
9. wenn der Forstdiebstahl in einer Schonung, in einem Pflanzgarten oder Saatkampe begangen ist."

[36]) § 6 F. D. G.: „Neben der Geldstrafe kann auf Gefängnisstrafe bis zu sechs Monaten erkannt werden:

der obligatorischen zusätzlichen Freiheitsstrafe (§ 8) wird unten dargestellt (s. Abschn. 25).

Straffolge ist ferner, daß gewisse Gegenstände, welche der Thäter bei sich geführt hat, nämlich Äxte, Sägen, Messer und andre zur Begehung des Forstdiebstahls geeignete Werkzeuge (§ 15) unbedingt der Einziehung unterliegen. Ist damit § 40 Str.-G.-B. verschärft, so ist derselbe auf der andern Seite für den Bereich des Forstdiebstahls insoweit aufgehoben, als Tiere und andere zur Wegschaffung des Entwendeten dienende Transportmittel, welche der Thäter bei sich führt, nicht eingezogen werden dürfen (§ 15).

Stets wird in dem Strafurteil mit ausgesprochen, daß der Schuldige dem Bestohlenen den Wert des Entwendeten zu ersetzen habe; darüber hinausliegender Schaden ist im Zivilprozeß geltend zu machen (§ 9).

20. Umwandlung der Strafen.

Uneinbringliche Geldstrafe wird in Gefängnisstrafe umgewandelt (§ 13). 1 bis 5 Mark werden hierbei einem Tag Gefängnis gleichgesetzt, d. h. der Richter kann z. B. für den Betrag von 5 Mark 1 Tag oder 5 Tage Gefängnis wählen (Stenogr. Berichte über die Verhandlungen des Herrenhauses, Bd. I, S. 390, Erklärung des Regierungskommissars Oehlschläger). Mit Rücksicht auf den gefährlichen Charakter, den der Forstdiebstahl unter Umständen annehmen kann, erscheint diese Verschärfung des gemeinrechtlichen Umwandlungsmaßstabes (§ 29 Str.-G.-B.) nicht ungerechtfertigt.

Für den Rest einer nur teilweise beigetriebenen Geldstrafe tritt gleichfalls Gefängnisstrafe nach diesem Maßstabe ein (§ 13). Statt der durch die Umwandlung gewonnenen Gefängnisstrafe kann die Strafverbüßung — und zwar nach Ermessen des Richters — ohne Einschließung in eine Gefangenanstalt durch Leistung von Forst- oder Gemeindearbeit bewirkt werden (§ 14). Die Reglements über Forst- und Gemeindearbeit erlassen der Regierungspräsident (Landdrost) und der erste Staatsanwalt am Oberlandesgericht gemeinschaftlich. Die Arbeit kann in Tagewerke eingeteilt sein; diese

---

1. wenn der Forstdiebstahl von drei oder mehr Personen in gemeinschaftlicher Ausführung begangen ist;
2. wenn der Forstdiebstahl zum Zwecke der Veräußerung des Entwendeten oder daraus hergestellter Gegenstände begangen ist;
3. wenn die Hehlerei gewerbs- oder gewohnheitsmäßig betrieben worden ist."

Einteilung äußert jedoch nur eine Wirkung zu gunsten des Sträflings. Vollendet er die ihm zugewiesenen Tagewerke vor Ablauf der Strafzeit, so gilt die Strafe für verbüßt; bleibt er dagegen, was häufiger sein wird, im Rückstand, so ist er nach Ablauf der Strafzeit gleichwohl zu entlassen. Somit ist diese Bestimmung — und bei der mangelhaften Qualität der betreffenden Arbeiten — das Institut der Strafarbeit überhaupt von zweifelhaftem Wert; letztere empfiehlt sich nur als Notbehelf, wenn andauernde Überfüllung der Gefängnisse vorliegt.[37])

21. Verwendung der Geldstrafen zu gunsten des Beschädigten.

Die eingezogene Geldstrafe soll zu einem singulären Zweck verwandt werden: sie fließt dem Beschädigten zu (§ 34). Durch diese Bestimmung ist ein direkter Anspruch des Verletzten gegen den Thäter nicht begründet, berechtigt auf die Strafe bleibt der Staat und nur dieser allein. Nur der Befugnis des Verletzten ist statuiert, daß er Verwendung der eingezogenen Geldstrafe in seinem Interesse verlangen kann.

Diese Bestimmung, wonach der Waldeigentümer eine Prämie wegen ihm zugefügter Forstdiebstähle vom Staate aus der Tasche des Thäters erhält, ist aus älteren preußischen Gesetzen bewahrt worden. Sie fand sich im Gesetz vom 7. Juni 1821 § 1 (vergl. Hahn, n. 5 und 6, S. 8 und 9) und ging in das Gesetz vom 2. Juni 1852 mit der Begründung über, daß der gedachte Vorteil dem Beschädigten einigen Ersatz gewähren soll für die Verwüstungen, welche durch die in vielen Fällen unentdeckt bleibenden Holzdiebstähle entstehen, und für die Fälle, in welchen die Verurteilten zur Erlegung des Wertersatzes unvermögend sind (vgl. Landtagsberichte 1878, Haus der Abgeordneten, S. 1836).

Wenn man nun auch diese Motivierung fallen ließ, daß es im Interesse des Waldeigentümers erwünscht sei, den entdeckten zahlungsfähigen Thäter an Stelle der entweder unentdeckten oder insolventen

[37]) Andre Staaten haben denn auch die Forst- oder Gemeindearbeit als Strafmittel überhaupt verworfen. Württembergisches Forststrafgesetz vom 2. Sept. 1879, Art. 5. Im sächsischen Gesetz vom 30. April 1873, Art. 25 ist Forst- oder Gemeindearbeit ausdrücklich für statthaft erklärt, zur Anwendung kommt sie wohl aber nie. Über die Mißlichkeiten des ganzen Instituts der Forst- oder Gemeindearbeit s. Borggreve, Forstliche Blätter, 15. Jahrgang, S. 15 f. Borchardt, S. 66 ff.

Thäter bluten zu lassen, so hielt man die Bestimmung doch fest, weil man sie „gewissermaßen als Ableiter für Zivilprozesse" betrachtete (l. c. S. 1837, Rede des Regierungs-Kommissars Oehlschläger). Der über den Sachwert hinausgehende Schaden soll zivilprozessual verfolgt werden (§ 9, Satz 2, s. auch oben Abschnitt 19 a. E.). Dieser Schaden aber, der ungleich größer zu sein pflegt, als der Taxwert des gestohlenen Holzes, ist zumeist kaum mit einer für den Zivilprozeß verwertbaren Bestimmtheit zu fixieren, und so soll dieser Schwierigkeit gegenüber die Zuweisung der eingetriebenen Geldstrafen an den Verletzten einen Ausgleich gewähren (vgl. Haus der Abgeordneten S. 1837, speziell die Rede des Regierungs-Kommissars Oehlschläger), mit andern Worten: der Verletzte erhält in den für ihn so bequemen Formen des strafprozessualen Verfahrens eine Entschädigung, wie er sie angeblich im Wege des Zivilprozesses trotz des 260 Z.-P.-O. niemals erhalten würde. Diese weitgehende Privilegierung des Waldeigentümers ist zu bedenklich, als daß sie mit der volkswirtschaftlichen Bedeutung der Waldungen gerechtfertigt werden dürfte (vgl. Note 64 unten).

Das Irrationelle der Bestimmung leuchtet ein, wenn man bedenkt, daß die Geldstrafe dem Beschädigten selbst dann zufallen soll, wenn überhaupt ein Schaden gar nicht entstanden ist.

Diese Anordnung, daß die Geldstrafe dem beschädigten Waldeigentümer zu gute zu bringen ist, gibt auch die Aufklärung darüber, warum das Spezialgesetz Geldstrafe und Freiheitsstrafe grundsätzlich nur neben einander, nur kumulativ, nicht alternativ androht (s. oben Abschn. 19, Abs. 2). Selbst aber da, wo die Geldstrafe uneinbringlich ist, bleibt die Möglichkeit eines solchen Ausgleiches im Interesse des Beschädigten: Die ohne Einschließung in eine Gefangenanstalt statthafte Arbeit soll dem Beschädigten geleistet werden, vorausgesetzt nur, daß letzterer überhaupt in der Lage ist, geeignete Arbeit nachzuweisen und daß der Richter, wie seinem Ermessen anheimsteht, die Zulässigkeit der Arbeitsstrafe in concreto ausgesprochen hat.

22. Weitere Fürsorge für den Beschädigten.

Die gesetzgeberische Fürsorge für die Interessen des Waldeigentümers ist aber noch weiter gegangen und hat schließlich noch besondere Bestimmungen über die Haftbarkeit dritter Personen für fremde Forstfrevel erzeugt.

Das Reichsrecht hat — § 361 Ziff. 9 Str.=G.=B. — eine Haftung dritter Personen für gewisse an sich dem Thäter obliegende Geldleistungen ausdrücklich zugelassen, auch für den Fall, daß der Grund der Haftbarkeit zugleich die betreffenden dritten nach der erwähnten, reichsgesetzlichen Bestimmung strafbar macht. Diese Haftung erstreckt sich nach dem preußischen Gesetz auf Geldstrafe, Wertsersatz und Kosten (§ 11). Sie wird direkt oder eventualiter ausgesprochen, direkt, wenn eine Verfolgung oder Verurteilung des Thäters wegen §§ 51, 55 oder 56 Str.=G.=B. nicht erfolgen konnte, eventualiter, wenn der Verurteilte zahlungsunvermögend ist. Als Voraussetzung zu dieser Haftbarkeit wird gefordert:

1. ein mit Hausgenossenschaft verbundenes Gewalts= (Aufsichts= dienst=)Verhältnis des Haftenden zu dem Thäter und

2. culpa des Haftenden, letztere formuliert durch die Gesetzesworte: „Wird festgestellt, daß die That nicht mit seinem (d. i. des Haftenden) Wissen verübt ist oder daß er sie nicht verhindern konnte, so wird die Haftbarkeit nicht ausgesprochen.“ Damit sind für die Person des Gewalthabers die gleichen Erfordernisse aufgestellt, wie in der Strafbestimmung des § 361 Ziff. 9, Str.=G.=B., denn auch diese setzt ein Gewaltsverhältnis und eine culpa gleicher Art voraus.

Diese partikulargesetzliche, halb zivilistisch, halb kriminell angehauchte Haftung für Handlungen dritter bewirkt also, daß der Gewalthaber für dieselbe schuldhafte Unterlassung doppelte Sühne leisten muß. Er unterliegt der Strafe des § 361, 9 und zahlt außerdem die dem Beschädigten zufließende Geldstrafe nach Partikularrecht.

Nicht bloß, daß das non bis in idem verletzt wird, so wirkt hier das Prinzip des preußischen Gesetzes ganz besonders abstoßend, das Prinzip nämlich, wonach das für die idealen Zwecke ausgleichender Gerechtigkeit bestimmte, strafprozessuale Verfahren Privatinteressen dienstbar, nämlich zu einer Art Versicherungsinstitut gegen Schaden durch Forstdiebstähle gemacht wird. Ein annehmbarer Zustand würde sich nur dann ergeben, wenn man den zweiten Satz des § 361, 9 Str.=G.=B. gerade das Gegenteil von dem anordnen ließ, was er jetzt bestimmt, d. i. die im Partikularrecht statuierte Haftbarkeit dann ausschlösse, wenn eine Bestrafung nach der reichsrechtlichen Bestimmung erfolgt.

Eine Umwandlung der Geldleistung, welche dem Gewalthaber

infolge seiner Haftung für den Untergebenen gemäß Partikularrecht obliegt, in Arbeit oder Gefängnis findet nicht statt; es wird also damit eine Auffassung zu erkennen gegeben, als handelte es sich bei dieser den Gewalthaber treffenden Leistung nicht um eine Strafe. Gegen den Gewaltuntergebenen findet die Umwandlung erst dann statt, wenn auch der Gewalthaber zahlungsunvermögend ist.

23. Versuch. Teilnahme.

Die Aburteilung der Forstdiebstähle erfolgt in einem summarischen Verfahren. Dieses soll möglichst glatt und ohne schwierige Erörterungen von statten gehen. Es bieten nun gewisse Modifikationen der That, wie z. B. der Versuch, die einzelnen Formen der Teilnahme häufig genug Veranlassung zu aufhältlichen Erörterungen, und so würde die Feststellung dieser oft schwierigen juristischen Begriffe den Zweck des beschleunigten Verfahrens, das bei der Menge des abzuurteilenden Materials kaum entbehrlich ist, geradezu vereiteln. Dies ist der Grund gewesen, weswegen man in dem Forstdiebstahlsgesetze die erwähnten feineren Unterschiede verwischt und angeordnet hat (§ 4), daß der Versuch und jede Form der Teilnahme ebenso bestraft werde wie der vollendete Diebstahl — d. h. mit der rechnungsmäßig zu findenden Geldstrafe des letzteren.

Bezüglich der Mitthäter- und Gehilfenschaft kann es neben der Geldstrafe zu einer zusätzlichen Gefängnisstrafe von höchstens sechs Monaten kommen, „wenn der Forstdiebstahl von drei oder mehr Personen in gemeinschaftlicher Ausführung begangen worden ist". Auch hier braucht die gemeinschaftliche Ausführung nicht Mitthäterschaft zu sein (wie Oehlschläger-Bernhardt, S. 27 unter n. 4 fälschlich annimmt), da ja eben das Forstdiebstahlsgesetz zwischen Thäterschaft und Beihilfe einen Unterschied nicht machen will.

Gleichfalls um das System der absoluten Strafen ohne Umrechnungen aufrecht zu erhalten, wohl aber auch, um die den Verletzten eventuell aus dritter Tasche zufließende Geldstrafe in keiner Weise zu verkümmern, wurde bestimmt (§ 10), daß die Strafermäßigung des § 57 Str.-G.-B. für Forstdiebstähle nicht zur Anwendung kommen soll. Es ist also insbesondere der Verweis ausgeschlossen.

24a) Begünstigung. Hehlerei.

Das Forstdiebstahlsgesetz hat sich nicht blos auf die bisher dargestellten Abänderungen des allgemeinen Teils des Str.=G.=B. beschränkt, sondern auch in den speziellen Teil des Gesetzbuches eingegriffen.

So soll Begünstigung oder Hehlerei in Bezug auf einen Forstdiebstahl der Strafe des letzteren, d. h. einer Strafe in Höhe des fünffachen Wertes des Entwendeten, mindestens aber von 1 Mark unterliegen (§ 5).

Es ist fraglich, ob das Partikularrecht zu einer Anordnung über Begünstigung und Hehlerei befugt war.

Prinzipiell muß dies verneint werden, weil es sich um einen Eingriff in die speziellen Thatbestände des Strafgesetzbuches handelt, letztere aber nicht in gleicher Weise wie der allgemeine Teil des Gesetzbuches, für die Partikulargesetzgebung nur subsidiäres, sondern absolutes Recht darstellen.

Das Strafgesetzbuch behandelt Begünstigung und Hehlerei nicht als Formen der Teilnahme, sondern als selbständige Delikte und zwar als abgeschlossene „Materie". Das Partikularrecht hätte sich demnach aller Abänderungen zu enthalten, auch soweit es sich um Begünstigung und Hehlerei in Bezug auf landesrechtlich strafbare Delikte handelt.

Gleichwohl kann man dem akzessorischen Charakter der Begünstigung und Hehlerei doch nicht alle Rücksicht versagen. Daher erscheint es unbedenklich, für Begünstigung oder für Hehlerei, soweit sie wegen des ihr zu Grunde liegenden Forstdiebstahls eine besondere Färbung annehmen, eine der Strafe des letzteren entsprechende Straf s a t z u n g zu gestatten.

Eine gesetzliche Handhabe hierzu bietet das Reichsrecht mit der Bestimmung des § 257 Str.=G.=B., daß die auf die Begünstigung fallende Strafe der Art oder dem Maße nach keine schwerere sein dürfe als die auf die begünstigte Handlung selbst angedrohte. Es gilt dieser Satz sowohl für die einfache als für die des eigenen Vorteils willen geleistete Begünstigung. Insbesondere ist der § 258, welcher als begünstigte Handlung speziell Diebstahl erwähnt — und nur so weit kommt er hier in Betracht — eine Exemplifikation dieses Satzes über Art und Maß der für die Begünstigung gestatteten Strafe. Es hat aber der § 258 die Besonderheit, daß die Stellung des Hehlers i. e. Begünstigers als Angehöriger des

Thäters nicht straffrei machen soll. Dieser Ausnahme von der Straflosigkeit dürfte das Partikulargesetz nicht widersprechen.

Wenn also das preußische Forstdiebstahlsgesetz in § 5 den Satz aufstellt: „Die Bestimmungen des § 257, Abs. 2 u. 3 des Reichsstrafgesetzbuchs finden Anwendung", so ist das nur verwirrend. Die besondere partikularrechtliche Sanktionierung dieses Satzes ist überdies formell unzulässig, denn wie der Thatbestand der Begünstigung und Hehlerei unverändert für das Partikulargesetz ohne weiteres zu gelten hat, so auch die in Absatz 2 und 3 enthaltenen Grundsätze. Nach der Fassung des Partikulargesetzes, welches an dieser Stelle (§ 5) ganz im allgemeinen von Begünstigung und Hehlerei — sowohl des § 258 als des § 259 — handelt, könnte man aber annehmen, Begünstigung, einem Forstdieb oder dem Teilnehmer eines solchen zwecks Strafentziehung von einem Angehörigen gewährt, solle auch dann straflos bleiben, wenn der Angehörige hierbei seines eignen Vorteils wegen handelte oder es solle der Satz über Straflosigkeit sogar auf Sachhehlerei (§ 259) ausgedehnt sein.

Eine solche Auslegung würde dem Sinne des Reichsrechtes durchaus widersprechen. Für die Sachhehlerei soll überhaupt das Angehörigkeitsverhältnis als Strafausschließungsgrund gar nicht (§ 259 Str.-G.-B.), für die des eignen Vorteils wegen gewährte Begünstigung (Personenhehlerei) aber dann nicht in Betracht kommen, wenn die begünstigte Handlung ein Diebstahl u. dgl. ist (§ 258 letzter Abs.). Und der Forstdiebstahl ist Diebstahl.

Wenn nun die absolute Geldstrafe des Partikulargesetzes sowohl für die des eignen Vorteils wegen als die ohne Rücksicht auf einen solchen gewährte Begünstigung die gleiche ist, so ist dies zwar mit dem Reichsrecht, welches die erstere prinzipiell härter ahndet, nicht übereinstimmend. Richtiger wäre es gewesen, auch im Partikulargesetz für die des eignen Vorteils wegen gewährte Begünstigung die absolute Geldstrafe, welche nun einmal mit Rücksicht auf das summarische Forststrafverfahren für notwendig gehalten wird, höher zu berechnen.

Daß eine primäre Geldstrafe auch für die letztere Art der Begünstigung (§ 258, 1, Personenhehlerei) im Partikularrecht zulässig sein soll, ist gerechtfertigt, weil der Satz über Art und Maß der Begünstigungsstrafe auch, wie oben bemerkt, auf die Personenhehlerei Anwendung finden soll.

Über die Befugnis, den Straffatz in Übereinstimmung mit dem eben erwähnten Prinzip zu gestalten, durfte aber das Partikulargesetz nicht hinausgehen.

Es stellt jedoch das preußische Gesetz seine Bestimmungen über „Hehlerei" ohne jeden Unterschied der letzteren auf, will also auch die Sachhehlerei des § 259 in seinen Rahmen ziehen. Eine solche Ermächtigung hat das Partikularrecht nicht.

Die Sachhehlerei des § 259 ist ein von der Hehlerei des § 258 Ziff. 1 durchaus differierendes Delikt; ihm kommt der akzessorische Charakter des letzteren nicht zu. Die Strafbarkeit beider entspringt aus ganz verschiedenen Gesichtspunkten (vgl. Liszt, S. 394, § 117 I und S. 586, § 183 I a. E.).

Es kann hier auch nicht auf das Verhältnis zurückgekommen werden, wie es früher zwischen dem preußischen Strafgesetzbuch und dem 52er Forstdiebstahlsgesetze bestand (s. o. Abschn. 8), da die Auffassung der betreffenden Delikte in dem Reichs- und dem preußischen Strafgesetzbuch eine gänzlich verschiedene ist (s. Liszt am zuletzt angegebenen Orte).

Die im jetzigen Partikulargesetz für Hehlerei angedrohte Strafe kann daher nicht Anwendung finden, wenn die Voraussetzungen des § 259 vorliegen. Zu den strafbaren Handlungen des letzteren gehört ohne allen Zweifel der Forstdiebstahl, denn zum Begriff der strafbaren Handlung ist es nicht erforderlich, daß die Strafe in einem Reichsgesetz angedroht sei (Rüdorff, vorletzte Auflage S. 593 unter n 4).

b) Fortsetzung.

Im § 6, 3 gestattet das preußische Forstdiebstahlsgesetz eine (nicht obligatorische) Zusatzstrafe von höchstens sechs Monaten Gefängnis, „wenn die Hehlerei gewerbs- oder gewohnheitsmäßig betrieben worden ist." Diese Bestimmung des preußischen Gesetzes soll offenbar dem § 260 Str.-G.-B. in seinem ganzen Umfang korrespondieren, letzteren partikularrechtlich, soweit Forstdiebstahl vorliegt, außer Kraft setzen. (Dies ist auch die Ansicht der Kommentatoren des Forstdiebstahlsgesetzes.)

Aus den schon angeführten Gründen ergibt sich die Unstatthaftigkeit dieser Bestimmung. § 260 Str.-G.-B. enthält Qualifikationen sowohl für die § 258 als auch für die § 259 Str.-G.-B. gesetzten Thatbestände. Für § 258 war — soweit Forstdiebstahl vorliegt — die Abänderung der Strafe im Partikulargesetz zulässig, in den § 259 durfte das Partikulargesetz, auch wenn die strafbare Handlung ein Forstdiebstahl war, nicht eingreifen. Sicher ist demnach auch ausgeschlossen, daß sich das Landesgesetz mit den in § 260 behandelten Qualifikationen des § 259 befassen dürfe, d. h. zweifelsohne ungültig ist § 6 Ziff. 3 des preußischen Gesetzes dann, wenn die abzuurteilende Handlung die Thatbestandsmomente des § 259 enthält. Fraglich könnte es nur scheinen, ob das Landesgesetz zur Behandlung der Qualifikation des § 258 Ziff. 1 befugt ist, wenn der dort genannte Diebstahl als Forstdiebstahl erscheint. Es muß auch dies und damit überhaupt die Geltung des § 6 Ziff. 3 des preußischen Gesetzes verneint werden. § 260 unterscheidet die Thatbestände der §§ 258, 259 nicht, er behandelt beide für die Begründung des Begriffs der Gewerbs- und Gewohnheitsmäßigkeit als durchaus gleichwertige und gleichartige. Sowohl der, welcher lediglich Personenhehlerei als der, welcher lediglich Sachhehlerei oder auch, wer promiscue Personen- und Sachhehlerei gewerbs- oder gewohnheitsmäßig betreibt, unterliegt der Zuchthausstrafe des § 260 Str.-G.-B. Wo aber das Reichsrecht nicht unterscheidet, darf auch das Landesrecht nicht unterscheiden wollen; es kann nicht beanspruchen, daß es die mit bezug auf einzelne strafbare Handlungen begangene Sach- oder Personenhehlerei für den Fall des gewerbs- oder gewohnheitsmäßigen Betriebes durch seine Satzungen bestrafen dürfe.

Der Sprung von der Geldstrafe resp. der nicht einmal obligatorischen Zusatzstrafe des preußischen Partikularrechts mit einem Maximum von sechs Monaten Gefängnis zu der Zuchthausstrafe des Reichsrechts mit einem Maximum von zehn Jahren ist freilich ein ungeheurer. Man darf jedoch von den aus der obigen Darlegung resultierenden Konsequenzen nicht lediglich deswegen zurückschrecken, weil die in Bezug auf Forstdiebstähle ausgeübte Hehlerei sich vorwiegend doch auf geringfügige Objekte erstreckt. Geringfügigkeit der Objekte und der Strafen für die Handlungen, mittelst welcher die Objekte erlangt wurden, lassen auch in vielen andern Fällen die harte Strafe des § 260 Str.-G.-B. auffällig erscheinen.

Bestünde der § 6 Ziff. 3 des preußischen Gesetzes zu Recht, so dürften Forstdiebstähle samt allen ihren Konsequenzen thatsächlich eine strafrechtliche Sonderwelt für sich bilden ohne jede Einwirkung auf andere kriminelle Vorkommnisse. Es dürfte dann z. B. nach der Intention des preußischen Gesetzgebers die Hehlerei in bezug auf Forstdiebstähle nicht einmal zur Begründung der Gewerbs- und Gewohnheitsmäßigkeit benutzt werden, wenn Hehlerei in bezug auf andre strafbare Handlungen in Frage stünde.

25. Rückfall.

Es erübrigt noch der singulären Behandlung des Rückfalls zu gedenken. Als Voraussetzung des Rückfalls genügt lediglich rechtskräftige Verurteilung und zwar nur durch ein preußisches Gericht. Es wirkt gegenseitig rückfallbegründend: Verurteilung wegen Forstdiebstahls, wegen Versuchs eines solchen, wegen Teilnahme, wegen Begünstigung, wegen Hehlerei. Die zur Strafe stehende Handlung muß aber, um als Rückfall bestraft zu werden, innerhalb zweier Jahre von dem Tage der Verurteilung an begangen sein. Die Strafe soll gleich sein dem zehnfachen Werte des Entwendeten und muß mindestens zwei Mark betragen. Diese Strafe, welche dieselbe Höhe hat wie die beim Vorliegen von Qualifikationsmomenten, tritt ein beim ersten und zweiten Rückfall. Etwaige bei der rückfälligen That vorliegende Qualifikationsgründe kommen nicht in Betracht; es bleibt die Strafe des rückfälligen Thäters dieselbe, mag er nun unter Qualifikationen delinquiert haben oder nicht. Bei dem dritten oder ferneren Rückfalle wird als Zusatz zu dieser Geldstrafe noch eine obligatorische Gefängnisstrafe bis zu zwei Jahren erkannt. Die Zusatzstrafe kann jedoch auch in Geld bis zu 100 Mark gemildert werden, wenn die (Prinzipal-)Geldstrafe weniger als zehn Mark beträgt (§ 8). Mit dieser Zusatzgeldstrafe verläßt also plötzlich das preußische Gesetz das sonst so streng festgehaltene Prinzip der absolut begrenzten Geldstrafen, wie denn auch diese Geldstrafe eine Ausnahme von dem Grundsatz darstellt, daß die eingezogenen Geldstrafen an den Verletzten abzuführen sind. Die Zusatzstrafe fällt an den Fiskus.

Verjährung.

Eine Darstellung des Verfahrens (§§ 16, 19—33, 35 des Gesetzes) ist nicht Zweck dieser Arbeit. Zu erwähnen ist noch, daß das Partikulargesetz eine besondere Verjährungsfrist für die Strafverfolgung bestimmt hat — sechs Monate —, dagegen sollen die Fälle, in denen eine Zusatzstrafe (Gefängnis) erkannt werden kann, nach der Regel des § 67 Str.-G.-B. verjähren (§ 18). Die Vollstreckung verjährt nach § 70 Str.-G.-B.

Singuläre Präsumtion.

Eine singuläre Präsumtion ist im Gesetze dahin aufgestellt worden, daß derjenige, welcher wegen einer von ihm selbst begangenen Zuwiderhandlung gegen das Forstdiebstahlsgesetz verurteilt wurde, zwei Jahre lang nach dieser Verurteilung insofern des Holzdiebstahls verdächtig erscheinen soll, als frisch gefälltes, noch nicht forstmäßig zugerichtetes Holz, welches er inne hat, eingezogen wird, falls er sich nicht über den redlichen Erwerb des Holzes ausweisen kann.

2. Bayern.

26. Geschichtliches.

In Bayern gelten über Forstdiebstahl in materiellrechtlicher Beziehung noch Bestimmungen älteren Datums. Es sind in Betracht zu ziehen das revidierte Forststrafgesetz für die Pfalz vom 23. Mai 1846 und das Forstgesetz für (das rechtsrheinische) Bayern vom 28. März 1852. Die vierte Abteilung des letzteren handelt von Forstpolizeiübertretungen und Forstfreveln, speziell von den Forstfreveln durch Entwendung. Zwar kommen beide Gesetze gegenwärtig in einer aus dem Jahre 1879 stammenden Neuredaktion zur Anwendung. Diese Redaktion ist jedoch lediglich durch die Rücksichtnahme auf die gerichtliche Neuorganisation des erwähnten Jahres veranlaßt worden und bezieht sich daher ausschließlich auf das Forstrügewesen.

Da die hier interessierenden Bestimmungen des Forstgesetzes für die Pfalz vom Jahre 1846 zumeist unverändert in den strafrechtlichen Teil des rechtsrheinischen Gesetzes übergegangen sind, so kann die nachfolgende Betrachtung im wesentlichen eine einheitlich zusammenfassende sein.

(Im nachstehenden bedeutet B = Forstgesetz für das Königreich Bayern vom 28. März 1852 in der Textierung vom Jahre 1879; Pf. = revidiertes Forststrafgesetz für die Pfalz vom 23. Mai 1846 in der Textierung nach der Bekanntmachung vom 2. Oktober 1879. Die Ziffern hinter den Buchstaben B., Pf. geben den Artikel des Gesetzes an).

Thatbestand.

Das bayerische Partikularrecht hat zwar nicht in dieser ausdrücklichen Weise wie das preußische vorhin betrachtete Gesetz den Forstdiebstahl als Diebstahl deklariert. Es spricht lediglich von einer

Entwendung (B 79; Pf. 1). In der Praxis und Theorie hat noch kein Zweifel darüber geherrscht, daß damit alle Merkmale des Diebstahls getroffen sein sollen (Brater, S. 151; Ganghofer, S. 94 n 1 zu Art. 79; vgl. Roth, Forstrecht § 428).

Das Gesetz von 1852 kennt sechs, das für die Pfalz fünf Gruppen von Forstprodukten, bezüglich deren die spezialgesetzlichen Bestimmungen Anwendung finden. Es sind dies Holz, Holzpflänzlinge, Lohrinde, Gras und Streuwerk, Waldsamen und, worüber das Pfälzer Gesetz schweigt, Pech (Harz). Nur diese und durchaus nicht alle vegetabilischen Erzeugnisse fallen in den Bereich der Forstdiebstahlsstrafen. In der Aufzählung dieser Produkte, wie sie sich in B 79, 80, 82—87, beziehentlich Pf. 28—34 findet, ist eine generalis clausula, welche eine Ausdehnung des Spezialdelikts auf nicht namentlich genannte Bodenprodukte gestattete, keineswegs zu finden (vgl. Ganghofer, S. 109 n 11).

Die lokale Begrenzung anlangend, so will auch das bayerische Partikularrecht sich nur auf Waldungen beziehen (B 49). Darunter aber ist eine größere zur Erzeugung und Gewinnung des Holzes dauernd bestimmte Bodenfläche zu verstehen (Ganghofer, n 2 zu Art. 1, Brater, S. 17 unter n 2).

Hiernach stehen nicht unter den forstgesetzlichen Bestimmungen Parkanlagen und Alleen, Obstplantagen, isolierte Baumgruppen, ebenso alle nicht ausschließlich und auf die Dauer zur Holzproduktion bestimmten Bodenflächen. Trotz merklicher Abweichung in der Formulierung kommt also das bayrische Forstrecht thatsächlich den preußischen Bestimmungen nahe.

Wo weder die eben angegebenen Merkmale in bezug auf Objekt noch auf die Lokalität zutreffen, steht die Anwendbarkeit des bayrischen Polizeistrafgesetzbuches vom 28. Dezember 1871 in Frage, welches Art. 112 eine Reihe von Angriffen gegen die Bodenkultur außerhalb des Forstes behandelt, die teilweise Diebstahlscharakter an sich tragen.[38]) Innerhalb dieser eben skizzierten Grenzen gilt das Reichsrecht subsidiär, außerhalb derselben absolut.

---

[38]) Art. 112 d. B. P.-Str.-G.: „An Geld bis zu 20 Thalern wird bestraft, wer unbefugter Weise:

1. aus Gärten, Weinbergen, Obstanlagen oder Alleen oder von Feldern, Äckern oder Wiesen Gartenfrüchte, Feldfrüchte oder andre Bodenerzeugnisse von unbedeutendem Werte oder in geringer Quantität entwendet;

27. Thatbestand. (Fortsetzung.)

Bei der Begrenzung zwischen Forstdiebstahl und gemeinem Diebstahl operiert das bayrische Recht ebenfalls mit ähnlichen Gedanken wie das preußische. Das bayrische Spezialrecht schiebt aber den Zeitpunkt, bis zu welchem das Holz unter dem Schutze des Spezialgesetzes steht, weiter hinaus. Bloße Perzeption genügt nach bayrischem Recht nicht, um zur Anwendung von § 242 Str.-G.-B. zu kommen. Für die Strafbarkeit nach letzterem Paragraphen wird vielmehr verlangt, daß das Holz aufgearbeitet oder zum Verkaufe oder Verbrauch zugerichtet oder auch, abgesehen hiervon, daß es an die Floß- oder Abladeplätze gebracht oder schließlich, daß es eben „getriftet" sei. Und trotz erfolgter Perzeption kommt die Strafe des Forstdiebstahls zur Anwendung, wenn gefälltes, aber noch nicht zum Verkaufe oder Verbrauche zugerichtetes, noch im Walde befindliches Holz weggenommen wird. Ähnlich wird bei Windfallholz als Kriterium für den Holzdiebstahl verlangt, daß es noch nicht verarbeitet sei. Die Entwendung von Lohrinde wird dagegen schon dann nach dem Strafgesetzbuche bestraft, wenn letztere vorher (von seiten des hierzu Berechtigten) geschält war (B 83). Für andre Waldprodukte als Holz und Rinde bezeichnet das Spezialgesetz den Zeitpunkt nicht, von dem an das gemeine Recht herrschen soll. Es ist nicht unbedenklich, im allgemeinen diesen Zeitpunkt aus dem Spezialgesetz selbst bestimmen zu wollen. Denn die hier bezüglich des Holzes insoweit vorhandene Bestimmung ist keine feste,

---

2. Bäume oder Sträucher, welche in Gärten, Obstanlagen, Alleen, auf Äckern oder sonst außerhalb eines Forstes stehen, oder Hecken und andere zur Einfassung dienende Anpflanzungen abhaut, abbricht, ausreißt, ausrodet oder beschädigt.

Art. 114. Ist in den Fällen der Art. 112 . . . eine Beschädigung fremden Eigentums aus Rache oder Bosheit verübt worden, so kommen die Bestimmungen des Strafgesetzbuchs zur Anwendung." Zur Auslegung von Art. 112, 2 vgl. namentlich das bei Stenglein, Zeitschr., Bd. II S. 354 abgedruckte Erkenntnis. Der Artikel wurde hier in einem Fall angewandt, wo die Entwendung von mehr als 60 Bäumen in Frage stand.

[39]) Art. 81 des Forstgesetzes:

„Die Entwendung an aufgearbeitetem, zum Verkaufe oder Verbrauche bereits zugerichtetem Holze, auch wenn es sich noch im Walde befindet, — ebenso die Entwendung des an die Floßbäche oder Abladeplätze verbrachten Holzes oder des Holzes, welches eben getriftet wird, ist nach den allgemeinen gesetzlichen Bestimmungen über den Diebstahl zu bestrafen."

sondern ergibt von Fall zu Fall ungleiche Ergebnisse. Unter Umständen ist nach dem Fällen des Holzes eine weitere Zurichtung zum Verkaufe oder Verbrauche gar nicht erforderlich. Es kann vielmehr schon (vgl. Tscherning, S. 9 und 10) das Fällen an sich die Zurichtung zum Verkaufe oder Verbrauche darstellen, wie z. B. wenn das Holz nach der Absicht der Kaufskontrahenten unentlaubt und unentästet übergeben werden soll.

Nach den Worten des Gesetzes scheint zur Anwendbarkeit des § 242 eine Rücksichtnahme auf die erfolgte Zurichtung zum Verkaufe oder Verbrauche aber gar nicht nötig, wenn das Holz an die Floß- oder Abladeplätze gebracht oder wenn es eben getriftet wurde.

So wäre einmal der höhere Wert, den die Verarbeitung gewährt, das andere Mal die Begründung einer vielleicht wirksameren Aufsicht, wie letztere durch die Niederlegung an Lagerplätzen ermöglicht wird, ausschlaggebendes Moment, um die Anwendbarkeit des gemeinen Rechts herbeizuführen. Es wären also zwei durchaus unterschiedliche Gesichtspunkte bestimmend. Die hier vorliegende Inkongruenz dürfte dadurch gehoben werden, daß das an die Ablade- und Floßplätze gebrachte Holz regelmäßig zum Verkauf oder Verbrauch bereits zugerichtet ist, so daß die erstere Bezeichnung (an die Ablade- und Floßplätze gebracht, eben getriftet) den Charakter einer Exemplifikation für letztere Benennung (zum Verkaufe oder Verbrauche zugerichtet) enthalten wird.

Es ist daher der Schwerpunkt auf die letztere Bezeichnung zu legen. Die Zurichtung zum Verkauf oder Verbrauch — also mindestens die Trennung vom Erdboden oder vom Stamme — wird auch bezüglich andrer Objekte als Holz und Rinde die Anwendbarkeit des § 242 Str.-G.-B. begründen.

28 a) Straffolgen.

Die Folge des Forstdiebstahls für den Thäter ist die Erlegung von Werterſatz, Schadenerſatz und Strafe, und zwar auf Grund eines und desselben Verfahrens, wenn der Beschädigte nicht ausdrücklich erklärt, daß er die Zuerkennung von Werts- und Schadenerſatz im Strafverfahren nicht wünsche (B. 64; Pf. 14). Der Schadenerſatz wird nach dem Werte des entwendeten Objekts festgestellt, so daß ersterer bald dem einfachen oder mehrfachen Betrage, bald einem Bruchteil (1/3) des ersteren gleich sein soll.

Bei bestimmten Entwendungen wird ein Schadenerſatz im

Forstrügeverfahren überhaupt nicht gewährt. Der Zivilrechtsweg steht jedoch in allen Fällen für den Mehrbetrag, der im Forstrügeverfahren nicht zu erlangen ist, offen (B. 67; Pf. 12 Abs. 3). Die Strafe ist gleichfalls dem ein- oder mehrfachen Werte gleich. Zu dessen Bestimmung werden officielle Tabellen aufgestellt (B 65; Pf 3).

---

40) Ist Gegenstand des Diebstahls, so ist zu leisten:

		in allen Fällen Ersatz des Wertes des Entwendeten.	ferner als Schadensersatz Bruchteile d. Werts.	außerdem als Geldstrafe Bruchteile des Wertes.	demnach insgesamt Bruchteile d. Werts.
Art. 79	I. **Gefälltes**, noch nicht zum Verkaufe oder Verbrauche zugerichtetes Holz		I. 1/3	1 1/3	2 2/3
	II. **Stehendes**, grünes Holz		II.		
	a) überhaupt,		a) 1/3	1 1/3	2 2/3
	speziell:				
	b) Stangen und Weiden („Reifstangen, Hopfenstangen, Bindewieden, Besenreiser, Floßwieden, Flechtgerten od. Korbwieden").		b) 1/1	1 1/3	3 1/3
	c) Samenbäume, Hegereiser, grüne Laubholzstöcke in Niederwaldungen; stehende grüne Eichen, Eschen, Buchen, Ahorn, Almen oder Lärchen unter 14 Jahren.		c) 1/1	2/1	4/1
Art. 80	III. **Stehendes**, abgestorbenes Holz, Windfallholz (Holz, welches der Wind oder ein sonstiges Naturereignis zur Erde niedergeworfen hat und welches auch nicht „verarbeitet" ist, „völlig abgestorbene Stämme oder Äste").		III. nichts	1/1	2/1
Art. 84	IV. a) Dürres oder angefaultes, zur Erde liegendes Holz od. Stockholz,		IV. a) nichts	1/1	2/1
	b) Stockholz aus jungen od. frischbesamten Schlägen.		b) 1/3	1/1	2 1/3
Art. 82	V. Holzpflänzlinge:		V.		
	a) aus natürlichen Besamungen unter 10 Jahren,	a) mind. 1½ Pfg. für jede Pflanze.	a) 1/1	2/1	4/1
	b) aus künstlichen Ansaaten oder Pflanzungen unter 10 Jahren.	b) mind. 3 Pf. f. j. Pflanze.	b) 1/1	1/1	4/1

Die näheren Modifikationen der Straf- rc.-Berechnung für die einzelnen Objekte sind in der Tabelle der Note 40 in eine Übersicht zu bringen versucht worden. Die Tabelle ergibt, daß die Folgen des Delikts für den Thäter gegenüber dem preußischen Gesetz sich außerordentlich mild gestalten.

Ummandlung.

Minimum der Geldstrafe muß in allen Fällen die Summe von 30 Pfennigen sein (B. 52; Pf. 3, Abs. 2). Die nicht einbringliche Geldstrafe wird in Haft umgewandelt. Als Umwandlungsmaßstab ist festgesetzt für je 2 Mark ein Tag Haft, soweit jedoch die Strafe 20 Mark übersteigt, für je 4 Mark ein Tag Haft. Haft darf über einen Monat — nach der Kalenderzeit gerechnet —

Art. 83	VI. Rinde (Lohrinde): a) mittelst Schälen stehend. Bäume, b) mittelst Schälen liegend. Bäume.	(Ersatz d. Wertes d. Rinde)	VI. a) ^{1}, d. geschält. Holzes + $^{1}/_{1}$ d. entwendet. Rinde b) nichts	$^{1}/_{1}$ des geschält. Holzes + $^{1}/_{1}$ d. entwendet. Rinde $^{1}/_{1}$ d Rinde	$^{3}/_{1}$ d. Rinde + $^{2}/_{1}$ des geschälten Holzes $^{2}/_{1}$ d. Rinde
Art. 85	VII. Streuwerk: a) grünes od. trockenes Laub, Nadeln Moos, b) Gras, Heide, Sumpfmoos, Heidelbeerstauden, Besenpfriemen, Farrenkräuter u. dgl.		VII. a) $^{1}/_{3}$ b) nichts	$^{1}/_{1}$ $^{1}/_{1}$	$2^{1}/_{3}$ $^{3}/_{1}$
Art. 86	VIII. Eicheln, Bücheln, andere Waldsamen: a) überhaupt, b) aus eingehegten Orten oder mittelst Abschlagens, Abreißens oder Zusammenkehrens.		VIII. a) nichts b) $^{1}/_{1}$ bis $^{2}/_{1}$	$^{1}/_{1}$ $^{1}/_{1}$	$^{2}/_{1}$ $^{3}/_{1}$ bis $^{4}/_{1}$
Art. 87	IX. Harz.		IX. $^{1}/_{1}$	$^{2}/_{1}$	$^{4}/_{1}$

Bemerkung zur vorstehenden Tabelle:

Die korrespondierenden Artikel des Pfälzer Gesetzes sind:
18 Abs 1 u. 2 = B 79; 18 Abs. 3 = B 82; 19 = B 80; 20 = B 83; 22 = B 84; 23 = B 85; 24 = B 86. Die Bestimmung über Harz fehlt im Pfälzer Gesetz.

Zu VII b wird als Schadenersatz $^{1}/_{3}$ des Wertes angesetzt, wenn der Frevel in jungen, in Schonung befindlichen oder in verhängten haubaren Waldungen geschah; zu VII a u. b wird als Schadensersatz der einfache Wert ($^{1}/_{1}$) angesetzt, wenn der Frevel verübt wurde unter Anwendung von Hau- oder Schneidewerkzeugen, eisernen Rechen oder Steigeisen.

nicht zuerkannt werden (B. 53, Pf. 4), selbst im Falle der Realkonkurrenz (B. 58) und beim Vorliegen von Strafschärfungsgründen nicht (B. 60). Auch die durch **Umwandlung** erzielte Haftstrafe kann die Dauer eines Kalendermonats nicht überschreiten (B. 54, vorletzter Absatz, Pf. 5). Diese Bestimmungen über die höchste Dauer der Haft bleiben außer Anwendung, wenn mehrere Frevel vorliegen und primäre Haft (s. z. B. Note 44 unter A II) und Geldstrafen neben einander zuerkannt worden sind (B. 54; Pf. 5, letzter Absatz).

Jugendliche Delinquenten.

Bei jugendlichen Delinquenten im Sinne des § 57 Str.-G.-B. darf die Hälfte des Höchstbetrags der Haftstrafe nicht überschritten werden, der gegen sie als Erwachsene auszusprechen gewesen wäre (B 53, Abs. 2; Pf. 4, Abs. 2; zur Erläuterung s. Roth, Handb. des Forstrechts § 368, S. 369).

Abverdienen der Strafen.

Die Umwandlung der Geldstrafe in Arbeitsstrafe ist nicht im Gesetze ausgesprochen, soll jedoch auf einem indirekten Wege in der Art erreicht werden, daß die Rentämter die einzukassierende Strafe von den Löhnen, die den Verurteilten etwa zukommen, in Abzug zu bringen haben und daß den zahlungsunfähigen Forstfrevlern — nach § 52 der Allg. Vollzugsvorschrift (cf. Ganghofer, S. 188) „jede mögliche Gelegenheit" geboten werden soll, ihre Geldstrafe in dieser Weise abzuverdienen. „Überhaupt" — heißt es daselbst — „werden sämtliche Behörden vereint dahin zu wirken suchen, daß die Umwandlung der Geldstrafen in Haft soviel als nur immer möglich vermieden wird, und es ist deshalb der Abzug derselben an den Löhnen für alle öffentlichen Arbeiten nicht nur zulässig, sondern den K. Rentämtern von den betreffenden Behörden möglichst zu erleichtern." Die Giltigkeit dieser Verordnung muß jedoch gegenüber den Bestimmungen des Reichsgesetzes vom 21. Juni 1869, betreffend die Beschlagnahme des Arbeits- oder Dienstlohns angezweifelt werden. Die bayrische Verordnung statuiert einen Zwang zur Eingehung von Verträgen, die nach § 2 des Reichsgesetzes zu den verbotenen gehören.[41]) Auch eine indirekte Arbeitsstrafe —

[41]) Nach S. 232 der Motive zur Str.-P.-O. (s. Löwe, vorletzte Auflage, Note 4 zu diesem Paragraph) wohnt der zum Zwecke der Beitreibung einer Ver-

wie sie in der bayrischen Verordnung beabsichtigt ist — kann nach § 6 Einf.-Ges. zum Str.-G.-B. nur in einem Landesgesetz, überdies nur an Stelle von Geld- oder Gefängnisstrafe ausgesprochen werden.[42])

Erschwerungsgründe.

In beiden Gesetzen sind eine Reihe von Erschwerungsgründen bezeichnet (B. 59; Pf. 10), die gleichfalls den Qualifikationen des preußischen Gesetzes ähnlich sind. Beim Vorliegen eines oder mehrerer derselben muß die Strafe um die Hälfte und kann bis zu ihrem dreifachen Betrage erhöht werden (B. 60; Pf. 11).[43]) Unter den Erschwerungsgründen figuriert der Rückfall. Dieser ist jedoch

---

mögensstrafe vorgenommenen Abpfändung die gleiche Wirkung bei, wie einer Pfändung im Zivilprozesse. Die nach zivilprozessualen Vorschriften wirkungslose Pfändung einer Geldforderung ist daher auch als Strafbeitreibung wirkungslos. Die oben besprochene Verordnung als nach § 3, Abs. 3 des Einf.-Ges. zur Str.-Pr.-Ordn. auf Besonderheiten des Forstrügeverfahrens bezüglich aufrecht zu erhalten, erscheint jedenfalls insoweit bedenklich, als die beigetriebene Geldsumme ja nicht ausschließlich Strafe, sondern auch Schadensersatz darstellt.

[42]) Olshausen, Kommentar, Bd. I S. 68, Note 9 nimmt Gefängnisstrafe hier in der Bedeutung von Freiheitsstrafe überhaupt. Wenn dies zutreffend ist (die obige Argumentation wäre dadurch noch nicht hinfällig), so würde der Ausdruck „Gefängnisstrafe" wieder beweisen, wie der Bundesgesetzgeber bei den Bestimmungen über Holzdiebstahl durchaus nur die preußische Gesetzgebung vor Auge hatte und als Prototyp ansah (vgl. oben Abschn. 8 des Textes).

[43]) Art. 59:

„Bei Forstfreveln ist es, vorbehaltlich der in den einzelnen Artikeln bezeichneten besonderen Strafschärfungsgründe, als allgemeiner Strafschärfungsgrund anzusehen:

1. wenn der Frevel vor Sonnenaufgang oder nach Sonnenuntergang;
2. wenn er an Sonn- oder gesetzlichen Feiertagen;
3. wenn er mit Unkenntlichkeit des Frevlers verübt wird;
4. wenn der Frevler Feuerwaffen mit sich führt;
5. wenn der Frevler sich der Säge statt der Axt bedient, oder stehendes Holz ausgräbt;
6. wenn der von den im Artikel 114 Nr. 1—3 erwähnten Personen zum Stehenbleiben aufgeforderte Frevler sich gleichwohl entfernt (vgl. unten Anm. 46);
7. wenn der Frevler die Angabe des Namens oder Wohnortes verweigert oder hierüber eine falsche Angabe macht;
8. wenn der Frevler mit vorsorglichem Beschlage belegte Gegenstände hinwegnimmt;
9. wenn der betroffene Frevler den angefangenen Frevel trotz der Warnung fortsetzt;

auch noch anderweit im Gesetz und zwar als sogenannter ausgezeichneter Rückfall mit Haft von 14—30 Tagen und als Gewohnheitsfrevel mit Gefängnis von einem bis zu sechs Monaten bedroht.[44])

b) Der Holzdiebstahl als Verbrechen, Vergehen, Übertretung in der bayrischen Gesetzgebung.

Vom sogenannten Gewohnheitsfrevel abgesehen (s. Note 44 unter A IV), tritt durchweg Übertretungsstrafe für den Forstdiebstahl ein. Die im Maximum absolut nicht bestimmbare, nach der Höhe des Wertes schwankende Geldstrafe könnte es zwar zweifelhaft erscheinen lassen, ob der Holzdiebstahl des bayrischen Gesetzes ohne

---

10. wenn der Frevler zur Zeit, da er den Frevel ausgeübt, als Holzhauer, Holzsetzer, Köhler, Kulturarbeiter oder mit einer sonstigen Waldarbeit oder auch in Ausübung einer Forstberechtigung im Walde beschäftigt war;
11. wenn eine Entwendung in Verbindung mit dem Aushauen des Waldhammerzeichens, Waldeisens oder eines vom Käufer am stehenden Stamme angebrachten Zeichens begangen wird;
12. wenn der Forstfrevler rückfällig ist; der Rückfall gilt jedoch nur dann als allgemeiner Strafschärfungsgrund, wenn derjenige, welcher schon wegen irgend eines Forstfrevels zu einer Strafe verurteilt wurde, binnen Jahresfrist seit dieser Verurteilung einen abermaligen oder mehrere Forstfrevel von was immer für einer Art begeht;
13. wenn der Frevel in der Absicht verübt wird, um die Walderzeugnisse in Natur oder verarbeitet ganz oder teilweise zu veräußern; diese Absicht wird gesetzlich vermutet, wenn nach Beschaffenheit der entwendeten Walderzeugnisse und der persönlichen oder häuslichen Verhältnisse des Frevlers jene Gegenstände nicht wohl zur eignen Verwendung bestimmt sein konnten."

[44]) Die Behandlung des Rückfalls bei Forstdiebstählen gestaltet sich in folgender komplizierter Weise:

A. I. Als Strafschärfungsgrund mit der eben angegebenen Erhöhung der Geldstrafe liegt der Rückfall dann vor, wenn Verurteilung wegen irgend eines Forstfrevels und binnen eines Jahres hiernach Begehung eines abermaligen oder mehrerer Forstfrevel von was immer für einer Art erfolgt ist (B. 59, 12; Pf. 10, 9). Rückfallbegründend wirken demgemäß nicht bloß die oben charakterisierten Forstdiebstähle, sondern auch die übrigen im Gesetz unter Strafe gestellten Forstfrevel, nicht aber die als Forstpolizeiübertretungen im Gesetz bezeichneten Handlungen. Maßgebend für den Beginn des Rückfallsjahres ist der Tag der Urteilsverkündung, nicht der der Rechtskraft, nur muß das betreffende Urteil rechtskräftig geworden sein. Vorgängiger Strafvollzug wird ebensowenig verlangt wie weiteres unter die Übertretungen im Sinne des Strafgesetzbuchs zu zählen sei; jedoch ist demgegenüber zu beachten, daß die regelmäßige, überdies an ein bestimmtes niedrig gestelltes Maximum gebundene Freiheitsstrafe nur Haft sein darf.

Dieser Standpunkt, den Holzdiebstahl nur als Übertretung zu strafen, ist das Resultat einer historischen Entwicklung, die geradezu

---

II. beim sogenannten ausgezeichneten Rückfall, welcher jedoch Gleichartigkeit der in Betracht kommenden Delikte voraussetzt.

Die Strafe des ausgezeichneten Rückfalls (B. 102) ist Haft von 14 bis 30 Tagen, außerdem ist auf Wert- und Schadenersatz zu erkennen in der gewöhnlichen Weise. Ausgezeichneten Rückfall begründen:

1. Die gefährlicheren Forstdiebstähle, nämlich die an noch nicht abgestorbenem und an nicht windbrüchigem Holz, die Rinden-, Streu- und Harzdiebstähle (Tabelle der Note 40 I, II, V, VI, VII, IX) unter folgenden Voraussetzungen:
   a) Verurteilungen wegen eines der eben gedachten Forstdiebstähle,
   b) innerhalb eines Jahres darnach erfolgende einmalige oder mehrmalige Verurteilung wegen gleichen Delikts zu einem Schaden- und Werterſatz von mehr als 32 Mark 40 Pfg. (18 Gulden),
   c) darnach in demselben Jahre erfolgte ein- oder mehrmalige Begehung gleichen Delikts mit der Verbindlichkeit zu einem Wert- und Schadenersatz von mindestens 5 Mark 40 Pfg. (3 Gulden).

Zu b) und c) brauchen die Beträge, wie angedeutet, nicht in ein und demselben Urteil oder durch ein und dieselbe Begehung erreicht zu werden. Zusammenrechnung infolge mehrerer Fälle wird bei Geringfügigkeit der Objekte sogar die Regel sein.

Es kommt auch nichts darauf an, ob die betreffenden Summen durch den Wertersatz oder Schadenersatz allein oder durch Zusammenzählung dieser beiden erreicht werden.

2. Ohne Berücksichtigung der unter a) bis c) gegebenen Voraussetzungen liegt ausgezeichneter Rückfall vor, wenn sechs Verurteilungen wegen Diebstahls der soeben unter II, 1 erwähnten Waldprodukte und darnach Begehung eines gleichen (also des siebenten Diebstahls) innerhalb eines und desselben Jahres erfolgen. Es wird von der Begehung des siebenten Diebstahls so zurückgerechnet, daß davon das Datum der Verurteilung wegen des ersten Diebstahls nicht über ein Jahr hinaus zurückliegen darf (Brater, S. 186 sub e).
3. Ausgezeichneter Rückfall liegt ferner vor, wenn einer, der dreimal im Laufe eines Jahres aus Art. 59 Ziff. 13 und, beziehentlich oder aus Art. 99 verurteilt worden ist, in demselben Jahre abermals eine dieser Handlungen begeht. Art. 59 Ziff. 13 bestraft denjenigen geschärft, welcher in gewinnsüchtiger Absicht (Veräußerungsabsicht) irgend einen Forstfrevel begeht, Art. 99 denjenigen, der durch einen Forstfrevel erlangte Walderzeugnisse veräußert hat.

von einem Extrem der geltenden Anschauung ausging. Von der Strenge des bayrischen Strafgesetzbuchs von 1813, welches den Diebstahl „an Holz in Wäldern" Art. 218 als Verbrechen bestrafte, ging man in der Folge zu einer den damaligen Bestimmungen über Diebstahl überhaupt mehr entsprechenden Behandlung des Holzdiebstahls in der Art über, daß man den letzteren je nach

---

III. Wiederholung eines der unter II. genannten Delikte innerhalb Jahresfrist nach Rückfallsverurteilung zur Haftstrafe wird gleichfalls mit prinzipaler Haft von 14 bis 30 Tagen belegt.

IV. Der Rückfall wird mit Gefängnis von einem bis zu sechs Monaten bestraft, wenn sogenannter Gewohnheitsfrevel vorliegt (B. 105). Dessen Voraussetzungen (B. 104) sind:

a) dreimalige Verurteilung zur Haftstrafe auf Grund der oben unter II und III dargestellten Bestimmungen,

b) auch hier, wie bei der Verurteilung zur zweiten und dritten Haftstrafe gemäß III, Nichtablauf eines Jahres seit der letzten Verurteilung bis zur Begehung des zur Strafe stehenden Vorgangs.

Die Bemerkung des B. 105: „der Gewohnheitsfrevel ist Vergehen", hat nur eine prozessuale Bedeutung, wie sich aus Art. 114 des 52er Gesetzes ergibt. Es bleiben daher auch für den Gewohnheitsfrevel alle diejenigen den allgemeinen Teil des Strafgesetzbuchs modifizierenden Bestimmungen des Partikularrechts (z. B. bezüglich der Beihilfe, des Versuchs 2c.) unberührt, welche für Forstfrevel überhaupt gelten. Für den Gewohnheitsfrevel kommen nur die Bestimmungen des gemeinen Strafrechts „über Vergehen" zur Anwendung, welche nicht wegen einer inneren Qualität der Handlung, sondern lediglich wegen der nicht unbeträchtlichen Strafhöhe von Gefängnis oder Geld über 150 Mark getroffen wurden, wie z. B. § 157 Str.-G.-B.

B. Gegenüber diesen komplizierten Bestimmungen für den ausgezeichneten Rückfall und für den Gewohnheitsfrevel hat nun das Pfälzer Gesetz noch einige Modifikationen (Pf. 40):

a) Es scheidet von den oben A II 1 genannten für den Rückfall bemerkenswerten Diebstählen der Harzdiebstahl aus, während der Diebstahl von Holzpflänzlingen dazukommt.

b) Die Haftstrafe für den ausgezeichneten Rückfall darf die Dauer von 14 Tagen nicht übersteigen.

c) An Stelle der oben A unter II, 2 erwähnten sechs Verurteilungen werden deren acht verlangt.

d) Der Thatbestand des Gewohnheitsfrevels ist gleichfalls etwas verändert, während die Straffolge (Gefängnis in der Dauer von 30 Tagen bis 6 Monaten) dieselbe wie im bayrischen Gesetz ist.

Zur Begründung des Gewohnheitsfrevels bedarf es einer mehrmaligen Verurteilung zur Haftstrafe nicht; es liegt vielmehr Gewohnheitsfrevel schon vor,

1 α) wenn nach einer (unter Berücksichtigung der eben [B a und b] mitgeteilten Modifikationen) gemäß A II, 1 erfolgten Verurteilung zu

dem Betrage des Entwendeten als Verbrechen, Vergehen oder Polizeiübertretung ansah (Brater, S. 106), bis schließlich die neuere Gesetzgebung den Diebstahl an stehendem Holz durchweg als Übertretung behandelte.

Dies hat seine großen Mißhelligkeiten insofern, als es einen strafbaren Versuch des Forstdiebstahls mangels spezieller Anordnungen nicht gibt (s. hierüber und über das im vorigen Absatz Gesagte Roth, Krit. V. J. Schrift S. 237, 244f.). Einzelne Versuchshandlungen lassen sich jedoch als delicta sui generis von dem Gesichtspunkte der Beschädigung aus unter Strafe ziehen (B. 95; Pf. 33).

29. Die Modifikationen des allgemeinen Teils des Strafgesetzbuchs.

Bezüglich der Geltung des allgemeinen Teils des Strafgesetzbuchs für den Forstdiebstahl des bayrischen Rechts ist noch folgendes zu beachten:

a) Teilnahme.

Die Teilnahme anlangend, so trifft (B. 25; Pf 8) jeden „Miturheber und Gehilfen" die volle Strafe wie den Thäter. Für Wert- und Schadenersatz und Kosten haften die mehreren Mitschuldigen solidarisch.[45])

Haftstrafe binnen Jahresfrist gleichartige Delikte mit Begründung eines Wert- und Schadenersatzes von 10 Mark 80 Pfg. begangen werden;

β) nach Verurteilung gemäß A II, 3 für ein nämliches, innerhalb Jahresfrist begangenes Delikt.

2. Nach (gleichfalls entsprechend modifizierter) Verurteilung gemäß A II, 2 liegt Gewohnheitsfrevel erst für den fünften innerhalb Jahresfrist darnach fallenden Diebstahl derselben Art vor.

[45]) Eine merkwürdige Bestimmung bezüglich der Teilnahme hat die Rücksicht auf die Familienangehörigkeit der Delinquenten veranlaßt (B 56 vorletzter Absatz; Pf. 8). Man nahm an, daß gerade Mitglieder besonders dürftiger Familien unbeträchtliche Frevel unter Benutzung eines Handfuhrwerks häufig begehen (Motive bei Brater, S. 116 sub 3), und es wurde daher angeordnet, daß die Bestimmung, wonach jeden Teilnehmer die volle Strafe trifft, außer Anwendung bleibt, „wenn mehrere zur nämlichen Familie gehörige Personen bei der Begehung eines mit Geldstrafe bedrohten Frevels einen Handschlitten, einen Schiebkarren oder einen zweirädrigen Wagen gemeinschaftlich fortbewegen." Alsdann soll nur eine Solidarhaftung der Betreffenden für die ihnen einmalig auferlegte Geldstrafe eintreten, sie sollen „mit einander, jedoch samtverbindlich in die treffende Geldstrafe" verurteilt werden. Das Irrationelle der Bestimmung ist, daß nur bei Fortbewegung des gestohlenen Objekts ꝛc. auf einem der vorbezeichneten Fuhrwerke die Konstruktion dieser eigentümlichen Kollektivbestrafung nachgelassen ist.

b) Notstand.

Mehrfach abgeändert ist der vierte Abschnitt des Strafgesetzbuchs (Gründe, welche die Strafe ausschließen oder mildern).

B. 61 bestimmt: „Ist jemand durch einen im Walde oder in dessen Nähe erlittenen Unfall erweislich in die Notwendigkeit versetzt, eine durch das gegenwärtige Gesetz mit Strafe bedrohte Handlung zu begehen, so ist er zwar zum Ersatz des Wertes und des Schadens verpflichtet, unterliegt jedoch keiner Bestrafung, wenn er den Vorfall innerhalb 24 Stunden einer der im Artikel 114 bezeichneten Personen[46]) oder dem Waldbesitzer anzeigt."

Wenn zwei Personen der Familie einen Baum in Aneignungsabsicht fällen und ihn auf ihren Schultern forttragen, so hat jeder für sich dieselbe Strafe selbständig verwirkt; schaffen sie den so gefällten Baum auf einem Schiebkarren 2c. fort, so haften sie lediglich zusammen auf dieselbe Strafsumme. Außerdem muß hervorgehoben werden, daß nur die gemeinschaftliche Fortbewegung des gestohlenen Objekts bei Begehung des Frevels die Kollektivstrafe begründet.

Fällt der eine den Baum in Aneignungsabsicht, der andere aber fährt ihn fort, so tritt die Kollektivstrafe nicht ein; jeder wird für sich besonders bestraft. Fahren mehrere derselben Familie den von einem anderen Familienglied vorher in Aneignungsabsicht gefällten Baum auf einem vorbeschriebenen Transportmittel gemeinschaftlich weg, so tritt für diese die Kollektivstrafe ein, während der, welcher gefällt hat, seine Strafe für sich entrichtet. Benutzen mehrere Familienglieder mehrere Karren zum Transport, so vereinigt sogar jeder Karren seine Transporteure zu einer besonderen strafrechtlich relevanten Kollektivpersönlichkeit!

„Man muß sich auf das Anerkenntnis beschränken, daß die ganze Bestimmung eine verunglückte ist" (Brater, S. 119).

Bei Umwandlung einer solchen Kollektivstrafe in Haft ist der oben angegebene Maßstab zu Grunde zu legen; der Richter hat aber zu bestimmen (B. 56), ob einer resp. welche Delinquenten die Haftstrafe verbüßen sollen. Es steht nichts im Wege, einen der Thäter die ganze Haftstrafe absitzen zu lassen und somit dessen Teilnehmer straffrei zu machen.

Übrigens scheidet (B. 56) aus dem Verband des für die Geldstrafe Gesamthaftenden dasjenige Familienglied aus, welches wegen ausgezeichneten Rückfalls- oder Gewohnheitsdiebstahls zu Haft oder Gefängnis — d. i. von vornherein ohne vorherige Zulassung zu einer Geldstrafe (vorige Note) — verurteilt wird.

[46]) Art. 114: „Hilfspersonen zur Handhabung der Forstpolizei sind:

1. alle im niederen Forstdienste überhaupt oder zum Forstschutz insbesondere aufgestellten Diener des Staates, der Gemeinden, Stiftungen, Körperschaften und Privatpersonen;
2. das gemeindliche Polizeipersonal mit Inbegriff der Flurwächter;
3. die Gendarmen.

Die von der Staatsregierung aufgestellten Bezirksgeometer werden bei Ausübung der Forstpolizei (Art. 35—42 und 75—78) zur Aushilfe verwendet."

Dieser partikularrechtliche Begriff des Notfalls geht weit über den Begriff des gemeinrechtlichen Notstandes hinaus. Während letzterer nur eine zur Rettung aus einer gegenwärtigen Gefahr für Leib oder Leben des Thäters oder eines Angehörigen begangene Handlung berücksichtigt, genügt für den Notfall z. B. schon ein Axenbruch u. dgl Für den Bereich dieses erweiterten Umfanges unterliegt die Geltung der partikularen Vorschrift keinem Bedenken. Sobald jedoch der Notstand des Partikularrechts identisch wird mit dem Notstand des § 54 Str.=G.=B., muß die vom Partikularrecht für die Straflosigkeit gesetzte Bedingung alsbaldiger Anzeige gestrichen werden und zwar lediglich deshalb, weil sonst der Thäter durch das Partikularrecht schlechter gestellt sein würde, als nach dem Notstandsbegriff des gemeinen Rechts; dies kann aber nicht die Tendenz der bayrischen Gesetzgebung sein, welche für den Forstdiebstahl gegenüber den gemeinrechtlichen Bestimmungen, die in Ermangelung des Spezialgesetzes einzuschlagen hätten, eine im höchsten Grade gemilderte Bestrafung anstreben.

Dringende Not oder „andre erhebliche Milderungsgründe“ erkennt das Pfälzer Gesetz als allgemeinen Strafmilderungsgrund (Art. 40) — nur nicht für den ausgezeichneten Rückfall — insofern an, als deswegen die Strafe, wenn Wert und Schaden zusammen nicht mehr als 1 Mark 80 Pfennige betragen, bis auf die Hälfte herabgesetzt, wenn aber der Wert nicht mehr als 18 Pfennige beträgt, ganz erlassen werden kann.

c) Verjährung.

Die Verjährung der Strafverfolgung ist nach dem Gesetz für das rechtsrheinische Bayern beendet in einem Jahre vom Tage der Begehung an. Im Gegensatz zu § 68 Str.=G.=B. findet Unterbrechung nur durch ein richterliches Endurteil statt (B. 72; vgl. dazu die Note bei Ganghofer). Wird ein Rechtsmittel gegen das erstinstanzliche Urteil eingelegt, so vollendet sich die Strafverfolgung schon in sechs Monaten, wird jedoch durch jedes „Erkenntnis“ des iudex ad quem (B. 72), also nicht bloß durch ein Endurteil unterbrochen. Sogar ein Vertagungsbeschluß wurde hier für genügend zur Verjährungsunterbrechung erklärt (vgl. Ganghofer).

So ist also nicht bloß die Verjährungsfrist für die Instanzen verschieden, sondern auch die Unterbrechungsmittel; erstinstanzlich wirkt nur eine einzige richterliche Handlung — das Urteil nach vorausgegangener Hauptverhandlung — unterbrechend.

Die Vollstreckungsverjährung erfordert eine zweijährige Frist. Sie beginnt nicht erst mit der Rechtskraft, sondern schon mit dem Datum des Urteils („vom Tage des Straferkenntnisses" B. 73). Unterbrechung der Vollstreckungsverjährung sollen bewirken

1. bei Haftstrafen die Verhaftung zum Zwecke des Strafvollzugs;
2. bei Geldstrafen die Stundung (B. 74).

Hierin muß nach dem Grundsatz, daß das partikulare Forststrafgesetz hinsichtlich der Straffolgen mildere Grundsätze als das gemeine Recht durchführen will, nur eine Beschränkung, nicht eine Exemplifikation des § 72 Str.-G.-B. erblickt werden, denn § 72 Str.-G.-B. geht in der Aufstellung von Unterbrechungsmitteln weiter als B. 74. Der Delinquent wird also nach Partikulargesetz leichter Straflosigkeit erreichen.

Das Pfälzer Gesetz (Art. 16, 17) behandelt Straf- und Vollstreckungsverjährung etwas abweichend. Die einjährige Strafverjährung greift nur Platz, wenn der Thäter unbekannt war; wird er bei oder nach der That entdeckt und im Forstregister oder Protokoll richtig bezeichnet, so verjährt die Strafe drei Monate nach dieser Konstatierung. Ist die Verjährung durch Ladung oder durch Zustellung eines Strafbefehls event. bei Nichtdeutschen durch einen Vorführungsbefehl unterbrochen worden, so läuft von diesem Zeitpunkt eine einjährige Verjährungsfrist. Diese wird durch weitere gerichtliche Akte zwar unterbrochen, „schließt sich" aber nach Ablauf von zwei Jahren seit dem Tage der Ladung, der Zustellung, des Straf- oder Vorführungsbefehls. Vor Ablauf dieses Zeitraums muß also jedenfalls (auch bei erfolgter Unterbrechung der neuen einjährigen Verjährung) ein rechtskräftig gewordenes Urteil ergangen sein, wenn die That nicht straflos bleiben soll. Die zuerkannten Ersatzleistungen sollen nach den Regeln des Zivilrechts verjähren (Pf. 17). Die Strafvollstreckungsverjährung ist wie im bayrischen Gesetz begrenzt; sie soll aber „ohne Rücksicht auf stattgehabte Verfolgungen" eintreten.

d) Konkurrenz.

Hinsichtlich der Konkurrenz strafbarer Handlungen erscheinen die gemeinrechtlichen Bestimmungen schon insofern beschränkt anwendbar, als das Spezialgesetz in erster Linie nur Geld und erst hiernach Haftstrafe kennt und letztere, wie oben bemerkt, nicht über einen Monat zuerkannt werden darf. Die mehreren Geldstrafen richten sich auch im Spezialgesetz nach der in § 78, Abs. 1 Str.-G.-B. aufgestellten Regel (B. 58; Pf. 7).

Eine Modifikation des § 73 Str.-G.-B. schließlich ist dadurch gegeben, daß, wenn mit einer Beschädigung eine Entwendung verbunden ist, sowohl wegen dieser als wegen jener besondere Strafe und keine Gesamtstrafe ausgesprochen werden soll (B. 95; Pf. 33, Absatz 3).

30. § 259 Str.-G.-B.

Analog dem preußischen Forstdiebstahlsgesetz hat auch das bayrische Gesetz den Thatbestand des § 259, Str.-G.-B. zum Gegenstand einer besonderen Strafdrohung gemacht (B. 100):

„Der Käufer oder sonstige Erwerber solcher Walderzeugnisse, von welchen er wußte, oder nach Beschaffenheit der Umstände wissen konnte, daß sie durch Frevel erlangt wurden, wird mit einer dem doppelten Werte jener Gegenstände gleichen Geldstrafe belegt, welche in keinem Falle weniger als 1 Mark 80 Pfennige betragen darf."

Über die Wirksamkeit dieser Bestimmung gegenüber § 259 Str.-G.-B. siehe Abschn. 24a a. E.

Haftung Dritter.

Eine über die Person des Thäters hinausgehende Haftung kennt das bayrische Recht gleichfalls. Es spricht von „zivilverantwortlichen" Personen, um das Verhältnis dieser Haftung als ein lediglich zivilistisches hervorzuheben (Motive bei Ganghofer, S. 82). Teilnahme an dem Delikt begründet für die „zivilverantwortlichen Personen" außerdem Straffolge. Der Kreis dieser dritten zivilverantwortlichen Personen ist nach bayrischem Recht ein viel größerer als im analogen Falle nach dem preußischen Gesetz. Es haften für Geldstrafe, Wert- und Schadenersatz im Falle der Hausgenossenschaft: der Ehemann für seine Frau; der Vater — resp. nach dessen Tode die Mutter — für die unverheirateten leiblichen, Adoptiv-, Stief- und Pflegekinder; Vormünder, Kuratoren, die Verpfleger von Minderjährigen für letztere; Herrschaften für ihre Dienstboten; auch ohne Bestehen einer Hausgenossenschaft unter der Voraussetzung, daß ein mit Aufsicht verbundenes Verhältnis besteht, Dienst- und Arbeitsherren für ihre Untergebenen überhaupt (B. 69, Pf. 13).[47])

Die Haftbarkeit ist ausgeschlossen, wenn den als zivilverantwortlich erklärten Personen die Verhinderung des Frevels erweislich unmöglich war. Je nach der Intensität der möglichen Aufsicht wird ein mehr oder minder strikter Nachweis dieser Unmöglichkeit zu verlangen sein. Insbesondere können da, wo eine Hausgenossenschaft nicht besteht, strenge Anforderungen an diesen Entlastungsbeweis sicher nicht gestellt werden (vgl. Brater, S. 138 unter 2).

3. Sachsen.

31. Geschichtliches.

Das jetzt in Sachsen geltende „Forststrafgesetz" vom 30. April 1873 (Ges. u. Verordn.-Bl. S. 401; Mangold, das im Königreich Sachsen geltende Reichs- und Landesstrafrecht, S. 328) ist hervorgegangen aus einer Verordnung vom 10. Dezember 1870.[48]) Diese

---

[47]) B. Art. 69 bezeichnet die letzteren Kategorieen folgendermaßen:

5. die Lehrmeister und Gewerbsleute wegen der Frevel ihrer Zöglinge, Gesellen und Gehilfen, solange diese Personen unter ihrer Aufsicht stehen;
6. die Geschäftsgeber wegen der Frevel ihrer Arbeiter und Geschäftsträger, wenn der Frevel in oder bei der Ausführung der aufgetragenen oder anvertrauten Verrichtungen geschah;
7. die Dienstherrschaften wegen der Frevel der aufgestellten Hirten oder Hüter, insofern der Frevel bei deren Dienstverrichtung geschah."

Pf. 13, 5 faßt diese zusammen mit den Worten:

„Die Dienstherren und Kommittenten für jene ihrer Arbeiter und sonstigen Untergebenen, namentlich der Lehrherren für jene ihrer Lehrlinge und Gesellen solange alle diese unter der Aufsicht jener stehen."

[48]) Diese Verordnung ist in Gemäßheit von § 88 der sächsischen Verfassungsurkunde vom 4. Sept. 1831 neben einer Anzahl andrer Verordnungen erlassen, die sämtlich durch die bevorstehende Einführung des Bundesstrafgesetzbuchs veranlaßt waren und unter denen diejenige über Bestrafung der wahrheitswidrigen Aussagen vor öffentlichen Behörden eine besondere Berühmtheit erlangt hat (Richter, S. 1 ff.).

Die ständischen Beratungen — interessant durch die Teilnahme von Heinze und Schwarze — und das sonstige Material über diese Verordnungen speziell über die hier in Betracht kommende, s. Mitteilungen über die Verhandlungen des ordentlichen Landtags im Königreich Sachsen während der Jahre 1871—1872 Erste Kammer (1. Bd.) S. 100 ff., S. 171 ff. (2. Bd.), S. 1412 ff. Zweite. Kammer (4. Bd.), S. 3582 ff, 3629 ff., 3649 ff. (5. Bd.) S. 4854 ff.

wollte etwaige Differenzen aus dem Wege räumen, welche bei gleichzeitiger Anwendung des Bundesstrafgesetzbuchs und der bisherigen, hier interessierenden sächsischen Gesetzgebung sich herausstellen konnten. Das vorher gültige Gesetz vom 11. August 1855 betraf nicht bloß Forst-, sondern auch Feld-, Garten-, Wild- und Fischdiebstähle; man befürchtete, daß das Gesetz in einem größeren Umfange, als dies § 2 d. Einf.-Ges. zum Str.-G.-B. gestatten wollte, in den Bereich des Strafgesetzbuchs eingreife,[49]) man war also insofern gegenüber der Bundesgesetzgebung vorsichtiger, als in andern Staaten.

Aus dem sächsischen Forststrafgesetz kommt der erste, die Entwendungen behandelnde Teil in Betracht. Der zweite Teil enthält Bestimmungen polizeilichen Charakters, der dritte „ergänzende Bestimmungen," welche stellenweise den allgemeinen Teil des Strafgesetzbuchs modifizieren.

Thatbestand.

Das sächsische Gesetz gebraucht nur in der Überschrift zu Artikel 1 die Bezeichnung „Forstdiebstahl", sonst spricht dasselbe von Entwendungen. Es ist aber kein Zweifel, daß das Gesetz damit den Thatbestand des § 242 im Auge hat und nur bei dem Vorliegen von dessen Erfordernissen den Forstdiebstahl bestraft.

Hiergegen spricht allerdings auf den ersten Blick die in Artikel 4, 2a enthaltene Bestimmung, nach der als Erschwerungsgrund zu gelten hat, „wenn bereits gefälltes Holz entwendet worden, vorausgesetzt, daß es noch nicht in den Gewahrsam des Berechtigten gebracht ist." Die Entwendung gefällten, im „Gewahrsam" befindlichen Holzes soll darnach offenbar nach dem gemeinen Recht bestraft werden. Die Folgerung liegt also nahe, daß das sächsische Gesetz einen Forstdiebstahl nur an solchem Holz oder überhaupt nur an solchen Bodenerzeugnissen kennt, die sich noch nicht im „Gewahrsam" befinden. Dann könnte der sächsische Forstdiebstahl nicht Diebstahl sein.

Erstlich aber bestimmt Art. 1: „Bei einem Wertsbetrag von

---

[49]) S. Richter, S. 7 und Otto, „Zum Strafgesetzbuche für den Nordd. Bund" in Annalen d. O.-A.-G., Bd. VIII S. 43 ff. Otto erklärt sich unter Hinweis auf die preußische Gesetzgebung in Forststrafsachen gegen die enge Beschränkung des sächsischen Gesetzes.

mehr als drei Thalern ist die Entwendung" — nämlich der Forstdiebstahl — „nach dem Strafgesetzbuche für das deutsche Reich zu beurteilen." Damit kann nur gesagt sein: Die Bestrafung erfolgt aus § 242 Str.-G.-B., denn andernfalls wäre bei Ermangelung einer zutreffenden Bestimmung für die Mehrzahl der Fälle mit einem Wertsbetrag über 9 Mark Straflosigkeit angeordnet.

Nun vermag die Verschiebung der Wertsgrenze den juristischen Charakter der Handlung nicht zu ändern. Die Wegnahme eines Objekts im Werte von 901 Pfennigen ist als Handlung begrifflich nicht anders geartet, wie die Wegnahme eines Objekts im Werte von 900 Pfennigen oder darunter. Schon hieraus ergibt sich, daß der sächsische Gesetzgeber zwischen Forstdiebstahl und gemeinem Diebstahl einen Unterschied in bezug auf die Qualität der Handlung und ihrer Merkmale nicht annimmt.[50])

Des weiteren ist aber auch der Begriff „Gewahrsam" im Artikel 4, 2a des sächsischen Gesetzes nicht derselbe, den die Theorie (s. o. Abschn. 11) gegenüber dem § 242 Str.-G.-B. im Auge hat.

Der betreffende vom „Gewahrsam" sprechende Passus fand sich wörtlich gleichlautend schon in dem erwähnten 1855er Gesetz. Dieses aber wollte mit dem Begriff „Gewahrsam" den Zustand einer Sicherung der Sache gegenüber fremden Eingriffen bezeichnen, eine „besondere Art der Innhabung," „ein derartiges, durch eine künstliche Vorrichtung vermitteltes, räumliches Verhältnis des Inhabers zur Sache, welches denselben in stand setzt, die Sache vor Entwendung zu bewahren."[51])

Zwischen der Auslegung des Reichsstrafgesetzbuchs und dem geltenden Partikulargesetz existiert in dieser Hinsicht dasselbe Verhältnis wie zwischen dem sächsischen Strafgesetzbuch von 1855 und dem damaligen Spezialgesetz. Das Spezialgesetz verstand unter „Gewahrsam" nicht dasselbe, was das sächsische Strafgesetzbuch darunter begriff; der Gewahrsamsbegriff des letzteren (thatsächlicher Besitz,

---

[50]) Herbst, Die Entwendung im Sinne der §§ 6, 18 ff. des Feld- und Forstpolizeigesetzes vom 1. April 1880. Goltdammer, Archiv (1882) XXX, S. 385 unten.

[51]) Vgl. Lamm, „Über den Begriff des Feld- und Gartendiebstahls" in Schwarzes Allgem. Gerichtszeitung. 4. Jahrg. 1860, S. 49 ff.

Krug, Kommentar zu dem Strafgesetzbuche für das Königreich Sachsen vom 11. August 1855, II beziehentlich zum damaligen Holzdiebstahlsgesetz S. 315.

Inhabung, Krug, Kommentar II S. 166 sub 5) deckt sich aber für den Diebstahl mit der Gewahrsamsauffassung aus § 242 Str.-G.-B.

Trägt also der sächsische Forstdiebstahl die Requisite des gemeinrechtlichen Diebstahls, so unterscheidet das Partikularrecht nur insofern, als es seine eigne Geltung ausschließt und die Bestimmungen des Strafgesetzbuchs Platz greifen läßt, erstens durchweg bei Objekten mit einem Wert über 9 Mark uud zweitens bei Objekten, die darunter wert sind, dann, wenn sie in einem engeren Gewahrsam, in einer Verwahrung sich befinden.[52])

32a) Thatbestand.

Das sächsische Gesetz kennt zwei Gruppen von Entwendungen. Bei der einen Gruppe -- Art. 1 — wird die Strafe absolut nach dem Wert des Entwendeten bemessen, bei der zweiten — Art. 2 — wird davon ausgegangen, daß ein Wert des Entwendeten schwer oder gar nicht zu fixieren ist, und hier wird demgemäß eine relativ nach Verhältnis des verursachten Schadens zu bemessende Strafe — höchstens aber drei Wochen Gefängnis — angedroht.

Zur ersten Gruppe gehört die Holzentwendung, gleichviel ob sie aus forstlichen oder nichtforstlichen Grundstücken vorgenommen wird,[53]) und die Entwendung von Streu und Moos, diese jedoch — wie der klare Wortlaut des Gesetzes ergibt — nur, wenn sie aus Grundstücken forstlicher Qualität geschieht. Nimmt man das Gesetz verbotenus („Holz . . . in fremden Waldungen . . . entwendet," „Holzentwendung an einzeln stehenden Bäumen, Sträuchern oder Gebüschen sich schuldig macht"), so könnte eine Holzentwendung außerhalb des Waldes nur im Wege einer Beschädigung, innerhalb des Waldes auch ohne letztere möglich sein. Die Entwendung eines vom Wind abgeschlagenen Astes wäre nicht Forstdiebstahl, wenn der Ast von einem einzeln stehenden Baum

---

[52]) Ein solcher engerer Gewahrsam wird z. B. durch das Aufladen des gefällten Holzes auf einen Wagen begründet. Dieser stellt sich als ein besonderes Behältnis dar. Annalen d. O.-A.-G., 2. Folge, Bd. II (1875) S. 388.

[53]) So ist die Wegnahme z. B. von Weinstöcken nach dem Forstdiebstahlsgesetz, nicht nach § 242 Str.-G.-B. zu bestrafen. Art. 4, 3d zählt insbesondere die Entwendung an Frucht- oder Zierbäumen oder Ziersträuchern aus Gärten, Anlagen, Alleen oder Baumschulen zum (qualifizierten) Forstdiebstahl, s. Annalen d. O.-L.-G., Bd. I, S. 427 ff.

herrührt (so Richter, S. 73), sie wäre Forstdiebstahl, wenn der Ast von einem Baum im Walde zu Boden gefallen ist.

Die sächsische Praxis geht aber — durchaus konform der geschichtlichen Entwickelung des Holzdiebstahls — davon aus, daß sich das Spezialgesetz nicht auf jedwedes in Waldungen, sondern nur auf das dort „noch in seinem ursprünglichen Zustande als Brenn- oder Nutzholz" befindliche Holz erstrecke (Annalen des O. A. G. Bd. IV S. 40). Insbesondere gehört also bearbeitetes Holz nicht hierher. Lediglich das noch in seiner ursprünglichen, von der Natur gegebenen Lage vorhandene Holz (vgl. oben Abschn. 17) — gleichviel aber ob innerhalb oder außerhalb eines Forstgrundstücks — gehört unter das Spezialgesetz.

Die zweite Gruppe der spezialrechtlich in Betracht kommenden Entwendungen wird durch eine kasuistische Aufzählung einzelner Handlungen erschöpft (Art. 2). Es betrifft die Aneignung von forstlichen Nebenprodukten: Laub, Kien, Harz, Rinde, Bast, Wurzeln, Baumsaft, Eicheln, Bucheckern, Holzsämereien, Holzpflanzen. Entgegengesetzt der preußischen Gesetzgebung kommt, wie erwähnt, relative Strafe zur Anwendung.

Der Gesetzgeber hat hier vornehmlich solche Formen der Aneignung im Auge gehabt, welche sich regelmäßig zugleich als Zerstörungshandlungen darstellen. Gerade wegen der mitunterlaufenden Zerstörung gewinnt der erwachsende Schaden für die Strafabmessung seine Bedeutung.

Bezüglich aller Erzeugnisse des Waldes, die im Spezialgesetze nicht genannt sind, steht die Anwendbarkeit des gemeinen Rechts in Frage.[54])

---

[54]) So soll die Entwendung von Waldgras nicht nach dem Forstdiebstahlsgesetz beurteilt werden, sondern nach gemeinem Recht O.-A.-G., Annalen, 2. Folge, Bd. II, S. 494, Bd. VI S. 312. Das vormalige O.-A.-G., Annalen, Neue Folge, Bd. V (1869), S. 544 erklärte das bloße Sammeln abgefallener Eicheln 2c. für straflos, da nur die mittelst Abschlagens (Beschädigungshandlung, s. o. Text) verübte Entwendung in Frage kommen könne, modifizierte dies jedoch, Annalen, Neue Folge, Bd VIII, S. 518 dahin, daß das Sammeln abgefallener Eicheln als Sammeln von Holzsämereien anzusehen und eventuell zu bestrafen sei.

Vgl. noch über Beeren, Kräuter, Blumen, Pilze, Ameiseneier die Bemerkungen von Aster in Schwarzes Allgemeine Gerichtszeitung, IV, S. 76 und die übrigen von Richter, S. 76, angezogenen Entscheidungen.

b) Strafenskala.

Die absolute Strafenskala für Entwendungen der ersten Gruppe (Art. 1) ordnet an: Bei einem Wertsbetrag von 5 Groschen zwei, über 5 bis 10 Groschen vier Tage Gefängnis u. s. f. Gegenüber dem Wortlaut des Artikel 1 und 2 ist aber zu betonen, daß Gefängnis durchaus nicht die regelmäßige Strafe des Forstdiebstahls ist. Für jede Gefängnisstrafe, die drei Wochen nicht erreichen würde, hat der Richter, falls er einen Strafbefehl erläßt — und dies ist das Gewöhnliche — Geldstrafe auszusprechen, hierbei ist für einen Tag Gefängnis 1 Mark in Ansatz zu bringen (Art. 21 und dazu Gesetz, das Verfahren in Forst- und Feldrügesachen betreffend, vom 10. März 1879; Ges. und Ver.-Bl. S. 89). Die auf Gefängnis ausgehende Strafdrohung der Artikel 1 und 2 ist also zumeist nur eine scheinbare. Über die Forst- und Gemeindearbeit als Strafe s. Note 37.

33a) Versuch.

Die Grenze des Versuchs ist gegenüber dem gemeinen Recht verschoben. Es genügt, um die Strafe des vollendeten Delikts anzuwenden, daß der Thäter in diebischer Absicht den Gegenstand so beschädigt hat, daß das Fortwachsen desselben verhindert oder zurückgehalten wird (Art. 3). Hier werden zweifelsohne Handlungen, die der Versuchsstrafe nach gemeinem Recht unterstehen könnten, einer Bestimmung des letzteren entzogen, und ihrer Wirkung nach läuft die Vorschrift des sächsischen Rechts zum großen Teil auf dasselbe hinaus, wie wenn das preußische Spezialgesetz anordnet: Der Versuch wird mit der Strafe des vollendeten Delikts belegt.

Es darf hier hervorgehoben werden, daß Art. 3 und Art. 2 gleiche Gedanken zum Ausdruck bringen. Art. 2 nennt z. B. das Anreißen von Stämmen, um Harz daraus zu gewinnen, also lediglich die Versuchshandlung; der vollendeten That, des Wegnehmens des ausgeflossenen Harzes gedenkt er gar nicht. Die Interpretation aus der Entstehungsgeschichte des Gesetzes führt jedoch dazu, auch die Vollendungshandlung, das Wegnehmen des Harzes, sei letzteres von einem künstlich angerissenen Stamm, sei es natürlich ausgeflossen, gleichfalls unter denselben Straffatz zu subsumieren (vergl. die Ausführungen Bd. X S. 66 der Entsch. des Reichsgerichts in Straff.)

b) Erschwerungsgründe. Rückfall.

Geordnet sind weiter die Erschwerungsgründe — in drei Hauptgruppen, jede mit verschiedener Straffsteigerung (s. Art. 4) — und der Rückfall. Die Bestimmungen über letzteren unterscheiden sich durchaus von denen anderer Forststrafgesetze über denselben Gegenstand.

Rückfallbegründend wirkt nicht bloß einmalige Bestrafung wegen Forstdiebstahls, sondern auch die (einmalige) Bestrafung wegen der gemeinrechtlichen Delikte des Raubes und Diebstahls. Hierbei wird der Grundsatz des Strafgesetzbuchs ausdrücklich festgehalten, daß nicht bloß der Ausspruch, sondern die Verbüßung der vorhergehenden Strafe erfolgt sein müsse. Von der Verbüßung an gerechnet beträgt die Rückfallsverjährung ein Jahr. Zur Beurteilung muß eine nach Art. 1, Abs. 1 und 2 und Art. 2 zu bestrafende Entwendung — d. i. ein nicht nach § 242 Str.-G.-B. strafbarer Diebstahl — stehen. Die Strafe soll angemessen, aber nicht über das Doppelte erhöht werden.

c) Konkurrenz.

Besondere Regeln für die Strafzumessung sind in den Artikeln 6 (Zusammentreffen erschwerender Umstände und des Rückfalls), 16 (Berücksichtigung des Schadens bei der Strafabmessung) und 17 festgestellt. Letzterer stößt das in § 74, Abs. 1 Str.-G.-B. unter andern für mehrere zusammentreffende Gefängnisstrafen aufgestellte Princip der Schärfung der schwersten Strafe um. Die mehreren Gefängnisstrafen werden ebenso kumuliert, wie die mehreren Geldstrafen.[55]) Zehn Jahre Gefängnis sollen jedoch nicht überschritten werden, für die Geldstrafen ist eine Beschränkung nicht statuiert. Beim Zusammentreffen mit gemeinrechtlichen Delikten sollen die zusammengezählten Strafen für die Strafausmessung des § 74 Str.-G.-B. als eine Strafe gelten.

d) Verjährung.

Weiter ist singulär die für Forstdiebstähle (Art. 1, Abs. 1 u. 2 und Art. 2) festgesetzte Verfolgungsverjährung von einem Jahr. Über die Vollstreckungsverjährung ist im Gesetz nichts bestimmt, es gelten also die gemeinrechtlichen Regeln.

---

[55]) — oder wie die mehreren Haftstrafen, die jedoch hier nicht interessieren, weil sie nur für einzelne Delikte der zweiten hier nicht betrachteten Abteilung des sächsischen Gesetzes in Anwendung kommen.

e) **Konfiskation.**

Der § 40 Str.=G.=B. ist in der Art verschärft, daß „Werkzeuge und Waffen, welche zur Verübung von Vergehungen der in diesem Gesetze gedachten Art oder zur Widersetzlichkeit bei selbigen gebraucht werden, unter allen Umständen der Einziehung" unterliegen (vgl. hierüber Annalen d. O. L. G. Bd. III S. 194).

4. Württemberg, Baden, Oldenburg, Mecklenburg=Schwerin, Mecklenburg=Strelitz, Braunschweig, Sachsen=Koburg=Gotha, Anhalt, Waldeck, Lippe, Schaumburg=Lippe, Elsaß=Lothringen, — Sachsen=Altenburg, Lübeck.

34. Die in Betracht kommenden Gesetze.

Die preußische Gesetzgebung über Forstdiebstahl und Forstpolizei hat anläßlich der Justizreform des Jahres 1879 einer Reihe deutscher Staaten zum Vorbild gedient. Eine Wiedergabe preußischer Bestimmungen läßt sich insbesondere feststellen bei folgenden Gesetzen:

Württembergisches Forststrafgesetz vom 2. September 1879.

Württembergisches Forstpolizeigesetz vom 8. September 1879.

Badisches Gesetz vom 25. Februar 1879, betreffend das Forststrafrecht und Forststrafverfahren (Ges.=Bl. S. 161).[56])

Gesetz für das Großherzogtum Oldenburg vom 15. August 1882, betreffend den Forstdiebstahl und die Forst= und Feldpolizei (dazu Verordnung von demselben Tage und Bekanntmachungen; s. Gesetzblatt für das Herzogtum Oldenburg, XXVI. Bd., 41. Stück. Gesetzblatt für das Fürstentum Lübeck, XVIII. Bd., 14 Stück. Das Gesetz gilt auch im Fürstentum Birkenfeld).[57])

---

[56]) Teilweise abgeändert durch Gesetz vom 25. April 1882 (Ges.=Bl. S. 100), wonach Forstdiebstähle an Raff= und Leseholz von nicht mehr als einer Traglast hinsichtlich des Rückfalls außer Betracht bleiben. Die übrigen Änderungen sind prozessualer Art. Die Vollzugsverordnungen sind vom 13. Sept. 1879 (Ges.=Bl. S. 645) und vom 20. Juni 1882 (Ges.=Bl. S. 171).

Die Entwendung noch nicht eingebrachter Garten= und Feldfrüchte behandelt das badische Polizeistrafgesetz vom 31. Oktober 1863, ergänzt 14. April 1882 und 17. April 1884 (§ 144).

[57]) Vorher galten:

für das Herzogtum Oldenburg die Forstordnung vom 28. Sept. 1840;
für das Fürstentum Lübeck das Forststrafgesetz vom 8. April 1867;
für das Fürstentum Birkenfeld das Forststrafgesetz vom 28. März 1876.

Mecklenburgische Verordnung vom 31. Mai 1879, betreffend die Bestrafung der Forstfrevel, gültig für beide Mecklenburg (Amsberg, S. 117. Die prozessualen Vorschriften zum Teil geändert, s. M.-Schw. R.-Bl. 1882 Nr. 6).

Braunschweigisches Forststrafgesetz vom 1. April 1879.

Sachsen-Koburg-Gothaisches Gesetz, betreffend den Holzdiebstahl,[58]) vom 27. März 1879 (—Nr. 377 der gemeinschaftlichen Gesetzsammlung — dazu Verordnung vom 1. September 1879, Gesetzsammlung für das Herzogtum Gotha Nr. 42; diese betrifft besonders die Forstarbeit). [Siehe auch Feld- und Forstpolizeigesetz vom 26. Mai 1880. Gemeinsch. Gesetzsamml. Nr. 409. Ausführungs-Verordnung hierzu vom 25. März 1881. Gemeinschaftl. Gesetzs. Nr. 422].

Anhaltsches Gesetz vom 10. Mai 1879 (Gesetzsamml. für das Herzogtum Anhalt Nr. 527, ausgeg. am 20. Mai 1879). [Siehe noch Gesetz, betreffend die Feldpolizei vom 10. November 1849. Gesetzsamml. Nr. 287[59])].

Waldecksches Gesetz vom 1. September 1879 (führte das preußische Forstdiebstahlsgesetz vom 15. April 1879 ein). [Siehe noch Feldpolizeiordnung vom 15. Mai 1855 und Forstordnung vom 21. September 1853].

Lippesches Gesetz, betreffend den Forstdiebstahl, vom 20. Februar 1879.[60])

---

[58]) Die parlamentarischen Beratungen — insbesondere das die Stelle von Motiven vertretende landesherrliche Dekret, welches mehrfache statistische Angaben enthält — s. Verhandlungen des gemeinschaftlichen Landtags der Herzogtümer Koburg und Gotha S. 251 ff., S. 329 ff.

[59]) Abgedruckt u. a. auch in der Zusammenstellung des im Herzogtum Anhalt geltenden Polizeistrafrechts, ausgearbeitet im herzoglichen Staatsministerium. Dessau 1877. S. 207 ff.

[60]) Officielle Ausgabe mit einem von der fürstlichen Forstdirektion herausgegebenen Register. Detmold. Meyersche Hofbuchdruckerei. 1879.

Eine Verordnung wegen Bestrafung der Forstexzesse von 1786 besteht noch in Kraft, soweit sie sich nicht auf den durch das Gesetz vom 20. Februar 1879 geregelten Forstdiebstahl bezieht.

Auf Garten- und Felddiebstähle sollen nach der Verordnung zur Einführung des Bundesstrafgesetzbuchs die §§ 242 ff., 303, 368a, 370, 2 u. 5 Str.-G.-B. Anwendung finden, bezüglich der aus Unvorsichtigkeit oder Unbedachtsamkeit geschehenen Feldbeschädigungen aber die Bestimmungen einer Verordnung vom 24. Juli 1817 gelten.

Schaumburg-Lippesches Gesetz, betreffend den Forstdiebstahl, vom 21. Juni 1879 (Schaumburg-Lippesche Landesverordnungen. Jahrg. 1879 Nr. 6; dazu Feld- und Forstpolizeigesetz vom 28. April 1880. Landesverordn. Jahrg. 1880 Nr. 11).

Elsaß-Lothringisches Gesetz, betreffend das Forststrafrecht und das Forststrafverfahren, vom 28. April 1880 (Gesetzblatt für Elsaß-Lothringen. 1880 Nr. 9).[61])

Dem preußischen 1852er Holzdiebstahlsgesetz schließen sich an:

Sachsen-Altenburgisches Gesetz, den Diebstahl am Holz und andern Waldprodukten, ingleichen verschiedene wald- und feldpolizeiliche Bestimmungen betreffend, vom 24. Dezember 1870. (Herzogl. Sachsen-Altenburgische Gesetzsammlung 1870. Stück XII S. 188 ff.).[62])

Lübeckische Verordnung, die polizeiliche Bestrafung der Forstvergehen betreffend, vom 11. Mai 1870 (Sammlung der Lübeckischen Verordnungen und Bekanntmachungen. 1870. Nr. 17).[63])

Ein neues Feldpolizeigesetz ist nach einer gefl. Mitteilung des ersten Staatsanwalts Herrn Hunnaeus in Detmold in Ausarbeitung. Wahrscheinlich lehnt sich dasselbe ebenso nahe an das preußische Forst- und Feldpolizeigesetz an, wie das oben erwähnte Forstdiebstahlsgesetz an das preußische.

[61]) Über die frühere und die neben dem Gesetz vom 28. April 1880 noch geltende Gesetzgebung über Forstwesen s. Solff und Mitscher, Die in Elsaß-Lothringen geltenden Forst- und Jagdgesetze. Straßburg 1876; speciell für die Feldpolizei noch: Schöffenbüchlein für Elsaß-Lothringen (Manuel des échevins). Straßburg 1879.

[62]) Vgl. dazu Gesetz, die Forst- und Feldrügesachen betreffend, vom 29. März 1870 (Ges.-S. 1879, S. 97, Stück IV), speciell § 7, die Bestrafung des dritten oder ferneren Rückfalls betreffend. Das Feldrügeverfahren ist geordnet im Gesetz vom 4. März 1882 (Ges.-S., Stück I, S. 3).

Landtagsverhandlungen s. Altenburger Landtagsblätter 1870—1873, erste Abteilung S. 24 ff. — Die auch hier, wie fast überall anderwärts, geführte Beerendebatte zeigt, daß selbst in kleinen Ländern die Frage, wie weit auch anderen als dem Zivilberechtigten der Naturreichtum des Waldes zu gute kommen solle, sich einheitlich nicht beantwortet. — Die Motive zum Gesetz s. Landtagsblätter 1870—1873, zweite Abteilung, S. 26 ff.

[63]) § 1 obiger vor Inkrafttreten des Bundesstrafgesetzbuchs giltig gewordener Verordnung nimmt auf das „Strafgesetzbuch" Bezug „Unter Forstvergehen im Sinne dieser Verordnung sind zu verstehen:

a) alle Entwendungen von Produkten des Waldes, sofern solche Ent-

Von den angeführten Gesetzen stimmen einzelne (Koburg-Gotha, Anhalt, Waldeck, die beiden Lippe, Elsaß-Lothringen, Oldenburg, welch' letztere beide das Forstdiebstahls- und das Forst- und Feldpolizeigesetz in ein einheitliches Gesetz zusammengearbeitet haben), in complexu oder doch in ihrem größten Teil mit dem preußischen Muster wörtlich überein.

Thatbestand.

Der Thatbestand des Forstdiebstahls darf aber in allen vorangeführten Gesetzen ꝛc. als der nämliche bezeichnet werden, namentlich insofern, als die Thatbestandsmomente des gemeinrechtlichen Diebstahls vorliegen müssen, weiter insofern, als die erfolgte Perzeption der Diebstahlsobjekte die Geltung des gemeinen Rechts begründet und als für das Spezialdelikt dieselbe Begrenzung in bezug auf Lokalität und Objekt vorausgesetzt wird. In der Formulierung, namentlich bezüglich der lokalen Begrenzung, finden sich allerdings die mannigfachsten Abweichungen.

So hat z. B. die mecklenburgische Verordnung die Vorschrift, daß die Begehung erfolgt sein muß „im Bereiche der Hölzungen — Forsten, Waldungen und andrer hauptsächlich zur Holznutzung unterhaltenen Gehölze und Gebüsche," und stellt dem gleich Ent-

---

wendungen nicht geschlagenes Holz, Pflanzholz (s. g. Pathen) oder bereits eingesammelte anderweitige Waldprodukte betreffen oder schon dreimal polizeilich bestraft sind und daher den Bestimmungen des Strafgesetzbuchs unterliegen."

§ 180 des sonach in Betracht kommenden Strafgesetzbuchs für die freie und Hansestadt Lübeck vom 26. Juli 1863 bestimmte, daß die Diebstahlsstrafen des letzteren auf Holzdiebstahl erst nach vorgängiger dreimaliger polizeilicher Bestrafung Anwendung finden. Eine Bestrafung des Holzdiebstahls durch die Polizeibehörde findet jetzt nicht mehr statt. Nach der Verordnung, die Ausführung der Strafprozeßordnung ꝛc. betreffend, vom 3. Februar 1879, Art. 7, erfolgt die Aburteilung der durch die Verordnung vom 11. Mai 1870 betroffenen Delikte durch die Amtsgerichte nach den Bestimmungen der Str.-Pr.-O., jedoch ohne Zuziehung von Schöffen. Diese amtsgerichtliche Verurteilung ist an Stelle der früheren polizeilichen Bestrafung, § 242 Str.-G.-B. an Stelle von § 178 des lübeckschen Strafgesetzbuchs, welcher die Diebstahlsstrafen bestimmte, zu setzen.

§ 179 Ziff. 3 des lübeckschen Strafgesetzbuchs behandelte als (nicht unter das Spezialgesetz fallenden) qualifizierten Diebstahl. „wenn geschlagenes Holz oder Pflanzholz (Pathen) aus den Forsten, wenn Holz von den Holzlagerplätzen und wenn Schwemm- oder Floßholz gestohlen wird." Statt dieser Bestimmung kommt jetzt § 242 St.-G.-B. in Betracht.

wendungen „außerhalb der Hölzungen im Bereiche der Torfmoore, der in forstlicher Administration und Nutzung befindlichen Wiesen, Heiden, Gewässer, wüstliegenden und sonstigen Forstreservate," schließlich auch die Entwendungen „an den mit zur Holznutzung unterhaltenen Befriedigungshecken und an den auf den Feldern und an den Wegen stehenden Bäumen."

Ähnlich stellt die lübeckische Verordnung den Waldungen gleich: Orte, an welchen das Holz hauptsächlich der Holznutzung wegen gezogen wird, und Moore.

Auch nicht vegetabilische Produkte — so z. B. Ameiseneier in der mecklenburgischen Verordnung — werden als Gegenstände des Forstdiebstahls bezeichnet.

Die Entwendung der im preußischen Holzdiebstahlsgesetz der polizeilichen Fürsorge anheimgegebenen Nebenprodukte wird teils mit denselben Strafen geahndet wie der eigentliche Holzdiebstahl, — so in Mecklenburg, — teils werden im Gesetz selbst geringere Strafen angedroht — so u. a. z. B. Baden § 29 Ziff. 2, Lübeck § 9.

Auch die Strafhöhe ist nach den einzelnen Gesetzen eine differierende; viele derselben haben sich für den vierfachen Wert des Entwendeten – mit dem Minimum von 1 Mark — bezüglich des einfachen Forstdiebstahls entschieden (Preußen hatte den fünffachen Wert). Das württembergische Gesetz läßt dem Richter die Wahl, je nachdem er den drei- oder vier- oder fünffachen Wert oder auch gleich von vornherein Gefängnisstrafe für angemessen hält (Forststrafgesetz, Art. 7).

Das letztere Gesetz zieht überdies nur Objekte, deren Wert zwanzig Mark nicht übersteigt, in Betracht (Art. 6); darüber hinaus gilt das Strafgesetzbuch. Baden kennt einen kleinen und einen großen Forstdiebstahl; letzterer liegt vor, wenn der Wert des Entwendeten 25 Mark übersteigt, — und wird mit Gefängnis bis zu 6 Monaten und zwar bei qualifizierter Begehung mit einem Minimum von einem Monat belegt. Die übrigen genannten Gesetze operieren ohne eine solche Wertsgrenze.

Eine eingehendere Betrachtung dieser partikularen Rechtsgebilde würde zumeist nur zur Wiederholung der oben bezüglich der preußischen Gesetzgebung gemachten Darlegungen führen.

Es genügt hier die Gemeinschaftlichkeit ihrer Grundzüge mit den Prinzipien des preußischen Rechts und ferner zu konstatieren, daß gewisse charakteristische Bestimmungen des letzteren in einzelnen dieser Gesetze verworfen sind, so die Zulässigkeit der Forst- und Gemeindearbeit (Württemberg, Forststrafgesetz. Art. 5), die Zuweisung der eingegangenen Geldstrafe an den Beschädigten (ebenda Art. 3; vgl. auch Anhalt).[64])

Die erwähnten Gesetze für Württemberg, Baden (s. Neubronn S. 19), Mecklenburg dürften außerdem als diejenigen bezeichnet werden, welche mit Eingriffen in den allgemeinen Teil des Strafgesetzbuchs zurückhaltender gewesen sind als das preußische Vorbild.

Mit diesem Vorbild ist den hier betrachteten Gesetzgebungen — Mecklenburg ausgenommen (von den übrigen z. B. auch Sachsen und Meiningen nicht) — unter andren auch der echt partikulare Zug eigen, daß sie zur Rückfallbegründung für Forstdiebstahl nur die vorgängige Verurteilung durch ein Gericht des eignen Staatsgebiets genügen lassen. Es mag diese Bestimmung durch die Rücksicht auf die vormalige Strafregisterführung praktisch gerechtfertigt sein; ihr Wegfall könnte nach der gegenwärtigen Einrichtung der Strafregister ohne Schwierigkeiten angestrebt und erreicht werden.

5. Sachsen-Weimar-Eisenach. Schwarzburg-Rudolstadt, Schwarzburg-Sondershausen. Reuß ältere Linie. Reuß jüngere Linie.

35. **Die in Betracht kommenden Gesetze.**

Für Sachsen-Weimar-Eisenach die beiden Schwarzburg und die beiden Reuß gilt eine selbst im Wortlaut fast einheitliche Gesetzgebung.

In Betracht kommen:

für Sachsen-Weimar-Eisenach das unter dem 27. Dezember 1870 provisorisch, definitiv unter dem 27. Februar 1872 erlassene Gesetz (R.-Bl. 1870, S. 153; R.-Bl. 1872 Nr. 10), die Gesetze vom 26. März 1879 (R.-Bl. Nr. 12, S. 129 ff.) und vom 25. November 1880 (R.-Bl. Nr. 29, S. 283) und mit dieser Gesetzgebung durchaus konform:

für Schwarzburg-Rudolstadt die Gesetze vom 27. Dezember 1870

[64]) Vgl. Begründung des Gesetzentwurfs betreffend den Forstdiebstahl in den amtl. Protokollen des anhaltischen Landtags. 1879, S. 528 („Selbst unter dem Gesichtspunkt einer Entschädigung verliert eine als Einnahmequelle behandelte Geldstrafe ihren gehässigen Charakter nicht." . . . . „Zudem enthält die preußische Bestimmung unter Umständen eine Gefährdung der Autorität und der Glaubwürdigkeit der Forstschutzbeamten des Beschädigten")

(Ges.=S. Nr. 57, S. 160 ff.), vom 15. März 1879 (Ges.=S. Nr. 6, S. 78 ff.) und vom 20. Oktober 1880 (Ges.=S. Nr. 13, S. 113), wie auch für Reuß jüngere Linie die Verordnung vom 27. Dezember 1870 (Ges.=S. Nr. 331, S. 281 ff.) mit Nachtrag vom 17. Juni 1871, das Gesetz vom 22. Februar 1879 (Ges.=S. Nr. 409, S. 38 ff.) und (lediglich unterschieden von den oben zitierten Gesetzen des Jahres 1880 durch Hinzufügung eines auf das Viehhüten bezüglichen Paragraphen) das Gesetz vom 20. Dezember 1880 (Ges.=S. Nr. 427, S. 240 ff.).

Mit den vorstehends aus den Jahren 1870 (bez. 72) und 1879 herrührenden Gesetzen sind ferner gleichlautend:

für Reuß ältere Linie die Gesetze vom 29. Dezember 1870 (Ges.=S. Nr. 15, S. 1331) und (abgesehen von dem neu eingeschobenen § 13) vom 7. Mai 1879 (Ges.=S. Nr. 7, S. 128 ff.), und

für Schwarzburg=Sondershausen das Gesetz vom 21. Dezember 1870 (G.=S. Nr. 54, S. 141) und — wenigstens mit den §§ 4 ff. der vorangeführten 1879er Gesetze von Weimar, Reuß j. L., Schwarzburg=Rudolstadt übereinstimmend — das Gesetz vom 17. Mai 1879 (Ges.=S. Nr. 11, S. 105 ff.) [65])

Die 1880er Gesetze sind dagegen in den beiden letzten Staaten nicht rezipiert. [66])

Thatbestand.

Der Thatbestand des Holzdiebstahls ist in sämtlichen der gleiche, er ergibt sich aus § 9 der betreffenden 1870er Gesetze (Reuß ä. L. § 8), welcher lautet: „Wer Holz, welches noch nicht vom Stamme oder Boden getrennt ist, ferner durch Zufall abgebrochenes oder

---

[65]) Für Schwarzburg=Sondershausen ist als in das Gebiet der Forststrafgesetzgebung einschlagend noch zu nennen das Gesetz vom 3. Januar 1872, die Verhütung von Waldfreveln durch Kinder betr.

[66]) Diese 1880er Gesetze verordnen die Fixierung des event. gemäß § 260 Z.=P.=O. zu bestimmenden Schadenersatzes im Strafverfahren, wenn nicht der Beschädigte ausdrücklich verzichtet oder sich die zivilprozessuale Verfolgung vorbehalten hat.

Reuß ä. L. beschränkt in dem 79er Gesetze § 13 eine solche Berücksichtigung des Schadens insofern, als in dem Strafbefehl bez. Strafurteil Rückgabe des Entwendeten resp. Ersatz von dessen Wert nur ausgesprochen werden darf, wenn der festzusetzende Betrag nicht 300 Mark, und Ersatz des weiteren Schadens nur dann, wenn derselbe nicht 50 Mark übersteigt.

umgeworfenes Holz, welches nicht bereits eingesammelt oder mit dessen Aufbereitung oder Zurichtung noch nicht der Anfang gemacht ist, ingleichen wer sonstige Erzeugnisse des Waldes, z. B. Harz, Rinde, Holzspäne, Baumsaft, Baumfrüchte, Waldsämereien, Laub, Gras, Heide, Moos, Streu aller Art, welche nicht bereits eingesammelt sind, entwendet," 2c. Dieser Thatbestand gleicht dem des Kgl. sächsischen Gesetzes vom 30. April 1873. Die Nebenprodukte erscheinen als Objekte des Forstdiebstahls nur, soweit sie Forsterzeugnisse sind, das Holz dagegen — der Wortlaut „andre Erzeugnisse des Waldes" könnte zu der gegenteiligen Annahme verführen — gilt als Objekt des Holzdiebstahls, „es mag stehen, wo es will."[67])

Die Bemerkung des § 14 — (Reuß ä. L. § 13) —, daß „die Strafbarkeit des Diebstahls an andern, als den in § 9 dieses Gesetzes begriffenen Erzeugnissen des Bodens" nach dem Strafgesetzbuch beurteilt werden soll, hat eine wesentliche Einschränkung durch die 1879er Gesetzgebung erfahren, welche (§§ 1—3 der betreffenden Gesetze) mit Ausnahme von Schwarzburg-Sondershausen[68]) — auch den Diebstahl an noch nicht perzipierten Feld- und Gartenerzeugnissen dem Partikularrecht unterwarf. Früher — d. h. 1870 — hatte man eine Einbeziehung der Felddiebstähle in das Partikularrecht nicht für statthaft gehalten, da dem Herrschaftsgebiet des letzteren durch das Einf.-Ges. zum Str.-G.-B., § 2, Abs. 2 nur „Forstdiebstahl" und nicht „Felddiebstahl", sondern lediglich „Feldpolizei" zugetheilt wird.[69]) Beeinflußt durch das Beispiel der preußischen Feldpolizeigesetzgebung, die derartige Schranken nicht kannte, ließ man 1879 diese aus dem Wortlaut des Reichsgesetzes hergeleiteten Bedenken als allzu ängstliche fallen[70]) (vergl. oben bei Note 49).

---

[67]) Verhandl. des XIX. ordentl. Landtags im Großherzogtum Sachsen-Weimar-Eisenach (1871/72), 2. Abteilung, S. 369.

[68]) Vgl. jedoch für Schwarzburg-Sondershausen die Feldpolizeiordnung vom 1. April 1854 (Ges.-S. S. 141 ff.) und dazu Gesetz, die Abänderungen der Feldpolizeiordnung 2c. betr. vom 2. Februar 1874, S. 31.

[69]) Vgl. Verhandlungen des XIX. ordentlichen Landtags (1871/72) für Sachsen-Weimar-Eisenach. Abteilung I, S. 458. Bericht des Rechtsgesetzgebungs-Ausschusses über das Ministerialdekret vom 22. Sept. 1871 u. s. w.

[70]) Vgl. Verhandlungen d. XXI. ordentl. Landtags für Sachsen-Weimar-Eisenach (1878/79), Abteilung II, S. 142, 144 unten, 145.

Besondere charakteristische Bestimmungen, welche nicht schon in einem der vorhergehenden Abschnitte berührt worden wären, enthält die hier betrachtete Gesetzgebung nicht. Bezüglich der Vollendung des Diebstahls gilt, wie auch anderwärts, teils eine Art Apprehensionstheorie, teils genügt eine — in rechtswidriger Aneignungsabsicht vorgenommene — Zerstörung des organischen Zusammenhangs, so daß also auch hier eine große Anzahl Handlungen, die gemeinrechtlich dem Versuchsbegriff anheimfallen würden, mit der Strafe des vollendeten Delikts zu belegen sind. Der Versuch ist überdies ausdrücklich für strafbar erklärt (§ 9 der 70er Gesetze) —, und zwar ist seine Strafe nach Reichsrecht zu bestimmen.

Daß § 370 Ziff. 5 und § 247 Str.-G.-B. auf Forstdiebstähle Anwendung finden, ist besonders im Gesetz sanktioniert (§ 9 der 70er Gesetze, § 3 des weimarischen ꝛc. 1879er Gesetzes). Nach dem oben (Abschn. 14 a. E.) Dargelegten hätte es dessen bei dem Diebstahlscharakter der in Betracht kommenden Handlung nicht bedurft, wenn nicht die hier betrachtete Partikulargesetzgebung die subsidiäre Geltung des Strafgesetzbuchs bezüglich des Forstdiebstahls auf die einleitenden Bestimmungen und auf den allgemeinen Teil des Strafgesetzbuchs beschränkt hätte (§ 7 der 70er Gesetze). Formell überflüssig erscheint auch die zwar sachlich korrekte Bestimmung (§ 13), daß Begünstigung und Hehlerei in bezug auf einen Forstdiebstahl nach den §§ 257 und 259 St.-G.-B. zu bestrafen, jedoch mit keiner der Art und dem Maß nach schwereren Strafe als letzterer zu belegen seien.

Strafen. Erschwerungsgründe ꝛc.

Als Strafe figuriert für den Forstdiebstahl Gefängnis bis zu zwei Jahren. Die Zulässigkeit von Geldstrafe ist nicht ausgesprochen, wohl aber kann — mit Ausnahme der Gesetzgebung von Reuß ä. L., welches den betreffenden Paragraphen (8) in seinem 70er Gesetz gestrichen hat[71]) — nach Ermessen des Richters Forst- oder Gemeindearbeit an die Stelle der Gefängnisstrafe treten.

Die Erschwerungsgründe sind die bei dem Forstdiebstahl üblichen; eine absolute Strafe ist bei ihnen gleichfalls nicht festgesetzt,

---

[71]) S. die Zusammenstellung der 1870er Gesetzgebung bei Martin, Die Übertretungen der Staaten in der Thüringer Gerichtsgemeinschaft.

auch hier bleibt das Maximum korrekt zwei Jahre Gefängnis. Unter den Qualifikationsgründen ist der Rückfall aufgeführt; er liegt vor (§§ 11, 12 der 70er Gesetze), „wenn der Thäter innerhalb der letzten fünf Jahre vor Begehung des Holz- (Forst-) Diebstahls bereits wegen des gleichen Vergehens Strafe verbüßt hat."

In „Notfällen" (§ 12 der 70er Gesetze) ist in gleicher Weise Straflosigkeit zugesichert, wie in der bayrischen (s. o. Abschn. 29 b) und (s. u.) hessischen Gesetzgebung.

An der Spitze der 70er Gesetzgebung sind einige zivilistische Bemerkungen über den Schadenersatz gestellt, insbesondere ist eine Haftung dritter hierfür statuiert. Eine Haftung für die Strafe war bei dem Charakter der letzteren (Freiheitsstrafe) ausgeschlossen.

6. Hessen.

36. Generelle Begrenzung.

Von den geltenden Forststrafgesetzen datiert das hessische noch vom 4. Februar 1837 (Reg.-Bl. Nr. 12, S. 133), ist also das älteste. Bis jetzt ist sein materieller Bestand eingreifenden Abänderungen nicht ausgesetzt gewesen. Das Gesetz faßt in sich sowohl alle diejenigen Handlungen zusammen, welche in den modernen Legislationen als „Forstdiebstähle" bezeichnet, als auch diejenigen, welche dem Gebiete der Forstpolizei überlassen werden.

Aus den „allgemeinen Bestimmungen" des ersten Abschnitts ist die generelle Begrenzung des Geltungsgebietes hervorzuheben, wonach das Gesetz nur auf solche Handlungen und Unterlassungen anwendbar ist, „welche an Orten und an Gegenständen verübt werden, die unter Forstschutz stehen." Es wird sonach immer auf die Bestimmung des Richters im einzelnen Fall ankommen, ob er Ort und Gegenstand als der Gewalt der Forstbehörden unterliegend ansieht.

a) Allgemeine Bestimmungen.

Die alsdann folgenden zivilistischen Bestimmungen (Verpflichtung zur Rückgabe des Entwendeten bezw. zum Ersatze von dessen Wert und event. des Schadens, Art. 2. 3) sind hier ohne Interesse, die weiteren Anordnungen über die Aufstellung offizieller Tarife für die Wert- und Schadenberechnung (Art. 4. 5), über den sogenannten „Notfall" (Art. 6), über Haftung dritter Personen für Wert- und Schadenersatz (Art. 10), über das Minimum der

Geldstrafe [30 Pf.,] (Artikel 11) fanden sich ähnlich im bayrischen Spezialrecht.

Mit den Strafschärfungsgründen befassen sich Art. 12 u. 13; Art. 14 regelt die singuläre Einrichtung des sogen. Pfandgeldes, welches — mindestens 20 Pfg. — nicht über 1 Mark 80 Pfg., bei Begehung nach Unter- oder vor Aufgang der Sonne im doppelten Betrage — als Akzessorium — zur Strafe kommt, auch wenn eine Pfändung nicht erfolgt ist.

Bezüglich der allgemeinen strafrechtlichen Grundsätze für Forstdiebstahl bestimmt Art. 8 des hessischen Gesetzes vom 10. Oktober 1871, daß — mit wenigen Modifikationen — der allgemeine Teil des Polizeistrafgesetzes vom 30. Oktober 1855 auf das Forststrafgesetz Anwendnng finden soll. Dieses Polizeistrafgesetz hat nach Art. 2 des erwähnten Gesetzes vom 10. Oktober 1871 eine Neuredaktion erfahren, infolge deren, soweit es hier in Betracht kommt, eine wesentliche Divergenz von den allgemeinen Bestimmungen des Reichsstrafgesetzbuchs nicht vorhanden ist. Stehen geblieben ist u. a. die Bestimmung des Art. 19 des Polizeistrafgesetzes: „Keiner Bestrafung unterliegen ferner Übertretungen, welche erwiesenermaßen durch einen unverschuldeten, anders nicht abzuwendenden Notfall veranlaßt worden sind." Der schon erwähnte Art. 6 des Forststrafgesetzes setzt hierzu als Bedingung der Straflosigkeit noch eine innerhalb 24 Stunden erfolgende Anzeige bei dem Forstschützen oder bei der nächsten Ortsbehörde voraus (hierzu vgl. oben Abschnitt 29b).

b) Verantwortlichkeit Dritter.

Die Bestimmungen über die Verantwortlichkeit dritter Personen für fremde Delikte — Art. 41—43 des Polizeistrafgesetzes, welche lediglich eine Exemplifikation des Anstifterbegriffes geben, und Art. 10 des Forststrafgesetzes — haben eine Ergänzung durch § 361 Ziff. 9 Str.-G.-B. (Reichsges. vom 26. Februar 1876) und durch das hessische Gesetz vom 31. August 1874 (Reg.-Bl. S. 503) erfahren. Letzteres bestraft für die nach §§ 55, 56 Str.-G.-B. mit Strafe verschonten Personen, deren Eltern, Vormünder, Pflegeeltern im Falle einer Hausgenossenschaft oder überhaupt diejenigen, denen die Pflege und Aufsicht jener straflosen Minderjährigen zusteht. Die Eltern rc. sind selbst „als Thäter zu behandeln und zu bestrafen." Damit ist — im Gegensatz zum preußischen Forstdiebstahlsgesetz, welches bei Unverfolgbarkeit oder Straflosigkeit der gewaltuntergebenen Thäter nur eine Haftung der Gewalthaber für die Geldstrafe u. s. w. kennt, während das hessische Gesetz auch in dem vorliegenden Falle die uneinbringliche Geldstrafe durch Arbeit seitens des Gewalthabers (nicht aber durch Haft) verbüßen läßt — eine praesumptio juris et de jure für die Thäterschaft der Eltern 2c. aufgestellt. Die schuldvolle Unterlassung, welche Bedingung der Strafbarkeit nach § 361 Ziff. 9 Str.-G.-B. (und der Haftbarkeit nach §§ 11. 12 des preußischen Forstdiebstahlsgesetzes) ist, wird also zum Thatbestand des hessischen Gesetzes vom 31. August 1874 nicht gefordert. Im übrigen ist das Verhältnis des letzteren zur angezogenen reichsrechtlichen Bestimmung folgendes: Während der erste Satz des § 361 Ziff. 9 Str.-G.-B., sowohl eine der Strafverfolgung ausgesetzte als die von einer solchen befreite Thäterschaft der Gewaltuntergebenen berücksichtigt („strafbare Verletzungen" l. c. soll offenbar die in abstracto mit Strafe bedrohten Handlungen bedeuten), hat das hessische Gesetz zur Voraussetzung Straflosigkeit der gewaltuntergebenen Personen — sei dies nun Straflosigkeit wegen Unverfolgbarkeit, § 55 Str.-G.-B. oder wegen Straffreierklärung, § 56 Str.-G.-B. Der zweite Satz des § 361 Ziff. 9 Str.-G.-B. bezieht sich nur auf Fälle, in denen den gewaltuntergebenen Thätern Strafe auferlegt werden darf („die Vorschriften über die Haftbarkeit für die den Thäter treffenden Geldstrafen werden . . . nicht berührt"); solche Fälle aber hat das hessische Gesetz gar nicht im Auge. Liegt Straflosigkeit der gewaltuntergebenen (Selbst-)Thäter wegen §§ 55, 56 Str.-G.-B. und schuldvolle Unterlassung seitens der Gewalthaber vor, so würden hier die weitergehenden Voraussetzungen für die Geltung des Reichsrechts und zugleich die minderen Vorausfolgungen für die Geltung des Landesrechts gegeben sein. Im Falle dieser Kollision muß das letztere weichen und das erstere allein zur Anwendung kommen (s. das Ausschreiben der Zentralforstbehörde in „Forst-, Jagd- und Fischerei-Strafwesen im Großherzogtum Hessen," S. 21).

c) Der spezielle Thatbestand.

An die „allgemeinen Bestimmungen" des ersten Abschnittes schließen sich im zweiten bis sechsten Abschnitt die für den Thatbestand des Spezialdelikts interessierenden Anordnungen an, betreffend:

1. Die Entwendung von Holz, Kohlen und Rinde;

2. von Holzsamen (z. B. Eicheln, Bucheln 2c.) und von Obst; ferner betreffend: Mast- und Weidefrevel, welch' letztere schon mit dem Hüten oder Treiben vollendet sind, ohne daß eine Entwendung, d. h. ein Abweiden durch die Tiere stattzufinden braucht;

3. Frevel durch Grasen, Entwendung von Streumittel, weiter — wobei jedoch das hessische Partikularrecht nunmehr neben § 370 Ziff. 2 Str.-G.-B. kaum noch einen Spielraum beanspruchen will —

4. die Entwendung von Steinen, Erde, Rasenplatten und schließlich

5. Beschädigungen.

Da das hessische Gesetz alle unter Forstschutz stehenden Gegenstände und Orte umfassen will, so werden auch nicht ausdrücklich im Gesetz genannte Objekte seinem Bereich anheimzufallen haben (arg. Art. 22: Alle Holzentwendungen, über deren Bestrafung nicht in den Art. 17 bis 21 bestimmt ist, werden mit dem dreifachen Betrage des Wertes des entwendeten Holzes bestraft).

In seinen Thatbestandsbestimmungen verliert sich das hessische Gesetz sehr ins einzelne. Hervorzuheben ist, daß als Objekt nicht bloß unperzipiertes Holz in Betracht kommt, sondern auch gefälltes und selbst zum Verkaufe oder Gebrauche zubereitetes Holz (Art. 18). Ferner wird von der Entwendung stehenden grünen Holzes aus Pflanzgärten (Art. 20) gesprochen. Hieraus dürfte sich ergeben, daß auch die Entwendung des hessischen Gesetzes einen Gewahrsam im Sinne des § 242 St.-G.-B. voraussetzt und daher nicht wohl ohne die Merkmale des Diebstahls denkbar ist.

d) Strafen.

Die Strafe ist Geldstrafe nach dem Wert des Entwendeten, jedoch für die einzelnen Objekte in sehr verschiedener Weise bestimmt. Für dürres, stehendes Holz, ungerodetes Stockholz, Späne, Leseholz 2c. wird der zweifache, wenn es aber „absichtlich gefällt oder zum Verkaufe oder Verbrauche zubereitet war," der fünffache Wertbetrag angesetzt. Für die Entwendung grünen stehenden, nicht zum Fällen bestimmten Holzes wird die Strafe nach dem Umfange des unteren Durchmessers berechnet, so z. B. daß, wenn letzterer weniger als 4 cm beträgt, der 30fache, wenn er weniger als 8 cm, der 25fache Betrag u. s. f., ein je mit dem weiteren

Umfange des Durchmessers absteigender Betrag die Strafe bildet. Die Entwendungsstrafe für Obst wird nach Körben, für Gras, Streumittel, Dammerde, Rasenplatten nach Traglasten berechnet. Das Minimum der Geldstrafe s. o.[72]).

Bei Zahlungsunfähigkeit (Art. 87) findet Umwandlung in Haft oder in Arbeitsstrafe statt. 1 Tag Haft ist gleich 1 Mark, 1 Tag Arbeit gleich 1 Mark 20 Pfennige (Art. 84 und Verordn. vom 29. August 1879, § 27); eine Erzwingung zur Verbüßung der Arbeitsstrafe ist ausgeschlossen (Ges. vom 10. Juni 1879, Art. 26); stellt sich der Bestrafte zur Arbeit nicht, so tritt Freiheitsstrafe ein, falls er nicht noch die Geldstrafe, den Werterſatz 2c. zu zahlen vermag.

e) Versuch.

Einen Versuch des Forstdiebstahls gibt es nicht, da — wie dargelegt wurde — das Delikt nur mit Übertretungsstrafe belegt wird. Jedoch ist die Vollendung in ähnlicher Weise, wie z. B. im kgl. sächsischen Gesetz u. a. m. bestimmt (Art. 27); außerdem wird vorsätzliche — auch ohne Entwendungsabsicht erfolgte — Beschädigung an stehendem grünen Holz, welche Absterben oder Wachstumsstörung des letzteren zur Folge hat, ebenso angesehen, als wäre das Holz entwendet worden (Art. 51). Schließlich finden sich sonst Versuchshandlungen als delicta sui generis mit Strafe belegt (unbefugtes Betreten des Waldes mit Werkzeugen, Art. 77 u. dgl).

---

[72]) Unter den Strafschärfungsgründen befindet sich auch der Rückfall, der sonst nicht wieder im Gesetz behandelt wird, in zwei Bestimmungen vertreten: es tritt zu der verwirkten Strafe deren ganzer Betrag als Schärfung, „wenn der Schuldige schon einmal wegen Entwendung von Holz oder Kohlen oder Lohrinde zu einer Haftstrafe verurteilt worden war und sich einer abermaligen Entwendung schuldig macht“ (Art. 12 Ziff. 1 f.) und um die Hälfte (ebenda 2 b) wird die verwirkte Strafe erhöht, wenn er [der Schuldige] „in Fällen einer Entwendung, eines Weidefrevels oder eines Grasfrevels bei einem der zwei nächstvorhergehenden Forstgerichte wegen solchen Vergehens oder Frevels gleicher Gattung bestraft war.“

Dem Gewohnheitsfrevler kann wegen Holz- oder Rindenentwendungen und wegen der mit schneidenden Instrumenten verübten Grasentwendungen zur Geldstrafe eine zusätzliche Haftstrafe von 14 Tagen diktiert werden (Abs. 24). Vgl. ferner Art. 24, Abs. 2: „Wer als Gewohnheitsfrevler schon einmal bestraft worden ist und im nächsten Quartal wieder frevelt und von dem Forstrichter fortwährend wegen neu begangener Frevel als Gewohnheitsfrevler anerkannt wird, ist, außer der festgesetzten Strafe, mit einer Haft von 3—4 Wochen zu belegen.“

7. Sachsen-Meiningen.

37. a) Thatbestand.

Gleichfalls einen nach Objekt und Ort begrenzten Diebstahl hat das bisher noch nicht berührte, im Herzogtum Sachsen-Meiningen geltende Gesetz vom 23. Dezember 1874, die Bestrafung der Forstvergehen, sowie der Forst- und Feldpolizeiübertretungen betreffend (Sammlung der landesherrlichen Verordnungen Bd. XX. S. 51 ff.), im Auge. Als Objekte der „Forstentwendung" bezeichnet dieses Gesetz nicht bloß

1. stehendes Holz, sowie ferner „Harz, Rinde, Gras, Streu aller Art oder sonstige zu den Haupt- und Nebennutzungen der Waldungen gehörige Gegenstände," sondern auch
2. gefälltes, schon überwiesenes oder übergebenes Holz.

Für die erste Kategorie (stehendes Holz 2c.) muß der Ort der Entwendung eine Waldung sein oder ein Ort, welcher unter Forstschutz steht (Art. 1); an gefälltem Holz dagegen wird schon dann ein nach dem Specialgesetz zu ahndender Diebstahl begangen, wenn jenes „mit bloß forstlicher Zurichtung entweder auf dem Waldboden oder auf unmittelbar an den Wald angrenzenden Grundstücken, außer dem Gewahrsam eines Gebäudes oder einer daran stoßenden Einfriedigung" liegt. In einem Gewahrsam nach § 242 Str.-G.-B. befindet sich auch dieses Holz; der Sinn also auch des hier betrachteten Gesetzes geht dahin, daß erst die Begründung eines engeren Gewahrsams, einer Verwahrung die Anwendbarkeit des gemeinen Rechts herbeiführt.

Aus dem sonstigen Inhalt des Gesetzes sei folgendes hervorgehoben:

b) Strafen.

Die Strafe für sogenannte geringere Entwendungen, d. h. solche, bei denen der Wert des Entwendeten samt dem darüber für den Verletzten erwachsenen Schaden (Art. 4) 15 Mark nicht übersteigt (Art. 5), wird nach einer ähnlichen Tabelle wie im Königreich Sachsen ausgeworfen (Art. 6. 7); bei einem Betrag bis 40 Pfg. ist ein halber bis ein Tag, bis 80 Pfg. ein bis zwei Tage, bis 1 Mark 50 Pfg. zwei bis vier Tage Gefängnis angedroht u. s. f. Als Strafabmessungsgrund sollen namentlich die Witterungsverhältnisse in Betracht gezogen werden (Art. 6); dem durch strenge Kälte bei Mangel an Brennholz zum Delikt angetriebenen Dieb ist also eine mildere Bestrafung garantiert.

Übersteigt der — wie angegeben aus Sachwert und Schadenersatz zusammengesetzte — Betrag einer Entwendung oder mehrerer, gemeinsam zur Verurteilung stehenden Entwendungen zusammengerechnet, die Summe von 15 Mark, so tritt Gefängnisstrafe von 14 Tagen bis 2 Jahren neben fakultativem Verlust der bürgerlichen Ehrenrechte ein (Art. 11). Statt der angedrohten Gefängnisstrafe kann — im letzteren Falle nur, wenn sie sechs Wochen nicht übersteigt (Art. 11) — Geldstrafe erkannt werden; ein Tag Gefängnis gilt gleich 1—9 Mark (Art. 8). Auch kann der Richter statt auf Geld oder Gefängnis auf Handarbeit von der Dauer der Gefängnisstrafe erkennen (Art. 13).

c) Rückfall.

Rückfall ist mit geschärfter Strafe bedroht (Art. 8 Ziff. 2e) und ist begründet bei Entwendungen unter 15 Mark, wenn der Dieb innerhalb des letzten Jahres, bei solchen über 15 Mark, wenn der Dieb innerhalb der letzten fünf Jahre vor Begehung der neuen That wegen Forstentwendung Strafe verbüßt hat. Daß die den Rückfall begründende Strafe durch ein Gericht des eigenen Landes verhängt sein müsse, ist nicht gefordert.

d) Verjährung.

Die Verjährungsfrist für die Strafverfolgung der geringen Forstentwendungen beträgt sechs Monate (Art. 10), der Forstentwendung mit einem Betrag über 15 Mark drei Jahre (Art. 11). Die Vollstreckungsverjährung bezüglich der letzteren ist im Partikulargesetz nicht geregelt, richtet sich also nach Reichsrecht; die Vollstreckungsverjährung der Entwendungen unter 15 Mark ist vollendet binnen einem Jahre, und zwar soll diese Frist mit Ablauf der Zehntagsfrist nach Fällung des Erkenntnisses beginnen (Art. 10). Es muß aber jetzt als Anfangspunkt für diese Verjährungsfrist der Zeitpunkt bezeichnet werden, von dem an das Erkenntnis (Strafbefehl oder Urteil) vollstreckt werden darf. Nach dem meiningenschen Ausführungsgesetz nämlich zur deutschen Strafprozeßordnung vom 17. Juni 1879 (Sammlung der landesherrlichen Verordnungen, Bd. XXI, S. 105 ff.), § 10, finden bezüglich des Forstrügeverfahrens, soweit nicht das letztgenannte Gesetz abweichende Bestimmungen enthält, die Vorschriften der Strafprozeßordnung über das Verfahren vor den Schöffengerichten Anwendung. Die Strafprozeßordnung aber kennt ebensowenig wie das meiningensche Einführungsgesetz das im hier betrachteten Gesetz vom 23. Dezember 1874 vorausgesetzte Dezendium als Bedingung der Vollstreckbarkeit. Der vom Amtsrichter im Forstrügeverfahren erlassene Strafbefehl ist vielmehr vollstreckbar, wenn der Beschuldigte den Einspruch nicht in dem im Strafbefehl selbst zu bezeichnenden Termin erhebt (§ 18 des erwähnten Gesetzes vom 17. Juni 1879), während die Vollstreckbarkeit eines im Forstrügeverfahren ergangenen Urteils, (welches nach § 18 des zitierten Gesetzes vom Amtsrichter ohne Zuziehung von Schöffen erlassen wird, falls der Betrag des Forstdiebstahls 15 Mark nicht übersteigt) sich nach den Vorschriften der Strafprozeßordnung richtet. Hiernach ist der Zeitpunkt der Vollstreckungsverjährung zu bestimmen.

e) Versuch.

Der Versuch ist nur bei den Entwendungen mit einem (Sach- und Schaden-)Betrag über 15 Mark ausdrücklch für strafbar erklärt (Art. 11); es ist aber im Partikulargesetz im allgemeinen — also auch bezüglich der Entwendungen unter 15 Mark — die Grenze zwischen Versuch und Vollendung gegenüber dem Reichsrecht in gleicher Weise verschoben wie im kgl. sächsischen Forstdiebstahlsgesetz u. a. Bei lebendigem Holz wird die Beschädigung der Entwendung gleich geachtet, wenn das Fortwachsen des Holzes zurückgehalten oder gehindert wird (Art. 2). Bei den Nebenprodukten genügt zur Vollendung des Delikts das Abkratzen, Abschneiden, Zusammenrechen u. s. w. (Art. 3).

f) Begünstigung.

Für die Begünstigung ist — abgesehen von dem Fall des § 260 Str.-G.-B. — eine besondere Strafe insofern festgesetzt, als ein Drittel, oder, wenn die Begünstigung von dem Begünstiger vor der Begehung zugesagt war, zwei Drittel der im Gesetz angedrohten Strafe des Hauptdelikts nicht überschritten werden soll.

Diese Anordnung wäre rechtsbeständig, wenn der § 259 Str.-G.-B. respektiert worden wäre (s. o. Abschnitt 24).

Das Gesetz enthält außerdem einige zivilrechtliche Bestimmungen (Artikel 14. 15: Rückgabe des Entwendeten, Haftung für den angestifteten Schaden, insbesondere auch Haftung der Gewalthaber für ihre

Untergebenen bei in rem versio). Aus dem zweiten Abschnitt — „von den Forstpolizeiübertretungen“ — sei schließlich der auf die Bestimmungen des Gesetzes in ihrer Gesamtheit bezügliche, nach den früheren Darlegungen korrekt formulierte Artikel 21 hervorgehoben: „Die Entnehmung oder Beschädigung von Waldprodukten, welche an sich die Merkmale einer Forstentwendung oder einer Forstpolizeiübertretung trägt, jedoch zur Abhilfe in augenblicklichen Notfällen geschehen ist (z. B. von Fuhrleuten, deren Geschirr umgeworfen, zerbrochen ist ꝛc.) soll, sofern nicht die Voraussetzungen von § 54 des Reichsstrafgesetzbuchs vorliegen, nur dann straflos sein, wenn der Thäter dem Waldeigentümer oder dessen Stellvertreter oder auch dem nächsten inländischen Ortsvorsteher bei erster Gelegenheit, längstens aber binnen drei Tagen, unter Darbietung barer Vergütung des Schadens, Anzeige davon gemacht hat.“

8. Hamburg. Bremen.

Einer umfassenden eignen Gesetzgebung über den Forstdiebstahl entbehren nur Hamburg und Bremen. Abgesehen von einer nur für einen Teil des Hamburger Gebietes in Betracht kommenden Bestimmung[73]) gilt das Strafgesetzbuch, in erster Linie dessen § 242.

Demnach dürfte die Betrachtung der einschlagenden Partikulargesetzgebung und ihrer wesentlichen Abweichungen von den Bestimmungen des gemeinen Rechts erschöpft sein.

---

[73]) Bezüglich Hamburgs gilt für das Geestgebiet — und nur für dieses — ein Mandat vom 6. Juni 1882 (Anderson-Lappenbergsche Sammlung der Verordn. ꝛc. Bd. XXX, S. 411). „Da in letzter Zeit wiederholt Fälle sich ereignet haben, daß in den Gärten außerhalb der Stadt von frevelhafter Hand des Nachts Blumen abgepflückt und Gesträuche ausgerissen worden sind, so wird hiermit in Erinnerung gebracht, daß solcher Frevel in jedem Kontraventionsfalle mit angemessener Geld- oder Gefängnisstrafe werde geahndet werden.“

In Bremen galt bis zur Einführung des Strafgesetzbuchs die jetzt unpraktische Verordnung vom 13. Juni 1804 (abgedruckt bei Pauli, Das Bremer Strafr., ein Handbuch für Geschworne, § 90. Bremen 1863) in der es u. a. heißt: „Niemand soll in dem hiesigen Stadtgebiete frevelhafterweise Bäume fällen oder solche auf irgend eine Weise beschädigen, Wied und Gesträuch, sowie auch Pfähle, so an den Wegen befindlich, unbefugterweise umreißen, abhauen oder beschädigen. — Wer bei einem solchen Frevel, sowie auch bei einem Diebstahl von Bäumen und Gesträuchen, Garten- und Feldfrüchten, getroffen, oder des einen oder des andern der angezeigten Frevel und Verbrechen überführt wird, hat Leibes- und den Umständen nach Zuchthausstrafe zu erwarten.“

Schlußwort.

Ein Rückblick lehrt, daß die Unterschiede der Partikularrechte unter sich mit Rücksicht auf den Forstdiebstahl prinzipieller und allzu bedeutender Art nicht sind. Es liegt die Differenz — wie schon mehrfach erwähnt wurde — zumeist mehr in der Formulierung als in dem unterliegenden Gedanken. Aus diesem Grunde ist das Verlangen nach Unifizierung der partikularen Bestimmungen über Forstdiebstahl ein allzu dringendes nicht, wenn man sich auch nicht verhehlen darf, daß jedenfalls erst bei einer solchen einheitlichen Regelung manche recht wohl entbehrliche Absonderlichkeiten einzelner Landesgesetze den verdienten Todesstoß erhalten werden.

Wohl aber muß aus einem andern Grunde eine einheitliche Gestaltung als wünschenswert bezeichnet werden.

Es war unvermeidlich, in der obigen Abhandlung mehrfach solche partikulare Bestimmungen zu streifen, die ihre Existenzberechtigung gründen können lediglich auf die Freigabe der Feldpolizei an die Landesgesetzgebung. Gerade diese — in ihrem Umfang freilich sehr unsichere — Freigabe ist ganz ungleichmäßig von den Gliedstaaten ausgenutzt worden. Es tritt in denjenigen Staaten, die in dieser Hinsicht zurückhaltend gewesen sind, wie z. B. in Sachsen, immer recht fühlbar hervor, wenn auf den Diebstahl einer Blume, einer wertlosen Quantität Futter rc. die gemeine Diebstahls-, unter Umständen etwa die Rückfallsstrafe verhängt werden muß, während dieselbe That anderwärts im Reiche nach einem ganz anderen Strafensysteme behandelt wird.

Daß in diesem unerquicklichen Zustand Wandel geschaffen werde, wäre eine unbillige Zumutung an den Reichsgesetzgeber nicht. Die Gleichstellung unverwahrter Bodenerzeugnisse mit den Nahrungs- und Genußmitteln im Rahmen des § 370 Ziff. 5 Str.-G.-B. würde eine ganze Reihe partikularer Bestimmungen verüberflüssigen (s. Borggreve, Gesetzl. Regelung, S. 83).

Es wäre alsdann überdies — gegenüber dem jetzigen Zustande in Preußen z. B. — ein anderweiter Vorteil erreicht: Die strafrechtlichen Normen für den Schutz der Bodenkultur würden auch insofern sich einheitlicher gestalten, als die ungleiche Behandlung des Forst- und Felddiebstahls — wie sie sich aus dem Charakter dieser Handlungen gar nicht rechtfertigen läßt — ein Ende hätte.

Für die Beibehaltung des Forst- und Feldrügeverfahrens

sprechen im Interesse einer vereinfachten Rechtspflege mannigfache Gründe. Bei der Einheitlichkeit der Grundsätze der Partikularrechte würde hier gleichfalls eine Überleitung der letzteren in ein Reichsgesetz ohne erhebliche Schwierigkeiten von statten gehen und durch eine entsprechende Erweiterung des reichsgesetzlich geregelten Mandatsverfahrens beziehentlich durch Beschränkung der schöffengerichtlichen Kompetenz zu Gunsten der Kompetenz des Einzelrichters gewonnen werden.

Der Vorschlag, den Forst- und Felddiebstahl schlechtweg dem § 242 Str.-G.-B. zu unterstellen (Borggreve l. c.) erscheint wegen der Rückfallskonsequenzen nicht annehmbar. Gerade letztere werden früher oder später doch wohl zu einer dem § 370 Ziff. 5 Str.-G.-B. analogen Herabsetzung der Straffolgen für Diebstähle geringwertiger Objekte überhaupt führen.

Verzeichnis der benutzten Litteratur.

Werke und Abhandlungen.

Albert, Lehrbuch der Staatsforstwissenschaft.

Apel, leges in delicta circa arbores (1796).

O. Bähr, Der hessische Wald. Eine Darstellung der in dem vormaligen Kurfürstentum Hessen am Walde bestehenden Rechtsverhältnisse. Kassel 1879.

Bernhardt, Geschichte des Waldeigentums, der Waldwirtschaft und Forstwissenschaft.

Bernhardt, Die Waldwirtschaft und der Waldschutz.

Binding, Handbuch des Strafrechts.

Borchardt, Der Holzdiebstahl in seinen Ursachen, Folgen und Umfang ꝛc. Berlin 1842.

Borggreve, Die neuen preußischen Gesetzesvorlagen, betreffend die Bestrafung des Holzdiebstahls ꝛc. (in dessen und Grunerts Forstliche Blätter, Zeitschrift für Forst- und Jagdwesen, [3. Folge 2.] Jahrgang 1878).

Borggreve, Die gesetzliche Regelung der Feld- und Forstpolizei. Leipzig 1880.

Bülow und Hagemann, Erörterungen aus allen Teilen der Rechtsgelehrsamkeit.

Cropp, Der Diebstahl nach dem älteren Recht der freien Städte ꝛc. Hamburg, Lübeck, Bremen (in Hudtwalker und Trummer, Kriminalistische Beiträge, Bd. II).

Dollmann, Die Entwendung nach den Quellen des gemeinen Rechts (1834).

Ebing, Die Rechtsverhältnisse des Waldes (1874).

Eichhorn, Deutsche Staats- und Rechtsgeschichte (5. Aufl.).

Endemann (und Hildebrand), Das Kaiserrecht nach der Handschrift von 1372.

Fritsch, corpus juris venatorio-forestalis.

Feuerbach (und Mittermaier), Lehrbuch des 2c. peinlichen Rechts (14. Ausg. 1847).

Grimm, Weistümer.

Grimm, Rechtsaltertümer.

Günther, De furti notione per leges constituta accuratius definienda (1806).

Häberlin, Juris criminalis ex speculis Saxonico et Suevico adumbratio.

Hälschner, System des preußischen Strafrechts (1868).

Heffter, Lehrbuch des gemeinen deutschen Strafrechts (6. Aufl., 1857)

Heusler, Institutionen des deutschen Privatrechts.

Heinze, Verhältnis des Reichsstrafrechts zum Landesstrafrecht.

Heiß, Der Wald und die Gesetzgebung (1875).

Henke, Handbuch des Kriminalrechts.

Herbst, Die Entwendung im Sinne der §§ 6, 18 ff. d. F.- u. F.-P.-G. (in Goltdammer, Archiv XXX).

Kleinschrod, Über den Begriff, das Wesen und die Bestrafung des Diebstahls (in dessen Abhandlungen aus dem peinlichen Recht. Teil II).

Kramer, Darstellung des peinlichen Rechts.

Krause, Über die Forstgesetzgebung in Deutschland (1834).

Lamm, Über den Begriff des Feld- und Gartendiebstahls (in Schwarze, Allgemeine Gerichtszeitung, Jahrg. 4. 1860).

v. Liszt, Lehrbuch des deutschen Strafrechts (2. Aufl. 1884).

Löw, Über die Markgenossenschaften (1829).

Löwe, Über die Bedeutung des Wortes „Gewahrsam" in dem Forst- 2c. Strafgesetze vom Jahre 1855 (in Schwarze, Gerichtszeitung, Jahrg. 5).

Loycke, Über den Begriff des Holzdiebstahls in der gegenwärtigen preußischen Strafgesetzgebung (bei Goltdammer, Archiv, Bd. XIV. S. 713.

Martin, Lehrbuch des teutschen gem. Kriminalrechts (1825).

Maurer, Das Stadt- und Landrechtsbuch Ruprechts von Freising (1839).

Maurer, Markenverfassung in Deutschland, 1859.

Maurer, Einleitung zur Geschichte der Mark-, Hof-, Dorf- und Stadtverfassung (1854).

Mößler, Handbuch des in Sachsen geltenden Rechts über Verbrechen und Strafen, I, 2.

Nitze, Das Holzdiebstahlsgesetz und das deutsche Strafgesetz (in Goltdammer, Archiv XIX. 1871).

Otto, „Zum Strafgesetzbuch für den Norddeutschen Bund" (in Annalen des Ober-Appellationsgerichts. Dresden, Bd. VIII, S. 43 ff.).

Pfeil, Die Forstpolizeigesetze Deutschlands und Frankreichs (1834).

Püttmann, elementa juris criminalis (1802).

Roßhirt, Lehrbuch des Kriminalrechts.

Rotering, Über den Gewahrsam im Sinne des § 242 Str.-G.-B. (in Gerichtssaal, Bd. XXXV, S. 350—370).

Roth, Theorie der Gesetzgebung und Forstverwaltung (1841).

Roth, Handbuch des Forstrechts 2c. nach den in Bayern geltenden Gesetzen (1863).

Roth, Geschichte des Forst- und Jagdwesens in Deutschland (1879).

Roth, Einiges zur Beurteilung der neueren Forstgesetze (in „Kritische Vierteljahrsschrift für Gesetzgebung und Rechtswissenschaft". 1881. N. F. Bd. IV, S. 233 ff.).

Schütze, Lehrbuch des deutschen Strafrechts (2. Aufl.).

Schwappach, Die forstgeschichtliche Bedeutung der lex salica (in Forstwissensch. Centralbl. 1882. S. 243 ff.).

Schwappach, Die forst- und jagdgeschichtliche Bedeutung der Volksrechte (in Forstw. Centralbl. 1883. S. 207 ff.).

Schwappach, Handbuch der Forst- und Jagdgeschichte, Lieferung I (1885).

Seutter, Die Forstpolizei-Strafgesetzgebung, wissenschaftlich begründet 2c. (1831).

Stieglitz, Geschichtliche Darstellung der Eigentumsverhältnisse an Wald und Jagd in Deutschland (1832).

Stobbe, Geschichte der deutschen Rechtsquellen.

Stobbe, Handbuch des deutschen Privatrechts. Bd. II, 2. Aufl. (1883).

Tittmann, Handbuch der Strafrechtswissenschaft (2. Bd. 1883).

Tscherning, Einige Bemerkungen zu dem Entwurf vom 24. Okt. 1878 für ein Forststrafgesetz in Württemberg (herausgeg. von Moritz Mohl 1879).

Wilda, Strafrecht der Germanen (1842).

Zeller, Lehrbuch der Polizeiwissenschaft.

Anonym: Der Holzdiebstahl und die Eröffnung öffentlicher Holzverkaufsanstalten im Obererzgebirge. Ein Beitrag zur specielleren Kenntnis des Volks-lebens und seiner Zustände. Grimma, Druck und Verlag des Verlagscomptoirs 1841); ferner ein Gutachten über den Charakter des Holzdiebstahls bei Goltdammer, Archiv, Bd. XIV., S. 451.

Die Aufsätze in Holtzendorff, Rechtslexikon, 3. Aufl., über Forstpolizei, Forststrafrecht, Forststrafverfahren, Feldfrevel, Feldpolizeiordnung, Holzfrevel.

Entscheidungen des Reichsgerichts in Strafsachen. Annalen des Ober-App.-Gerichts (bez. Ober-Landesgerichts), Dresden.

Stenglein, Zeitschrift für Gerichtspraxis und Rechtswissenschaft in Deutschland.

Kommentare und Gesetzesausgaben.

Anhalt.

Zusammenstellung des im Herzogtum Anhalt geltenden Polizeistrafrechts 2c. ausgearbeitet im Herzogl. Staatsministerium. Dessau 1877.

Baden.

Neubronn, Das badische Gesetz vom 25. Februar 1879, betreffend das Forststrafrecht und Forststrafverfahren 2c. Mannheim 1879.

Bayern.

Brater, Forstgesetz vom 28. März 1852, erläutert. Erlangen 1856.

Ganghofer, Das Forstgesetz für das Königreich Bayern in neuer Textierung vom Jahre 1879 2c. (größere Ausgabe). Augsburg 1880.

Reger, Die in Bayern geltende Allgemeine Strafgesetzgebung. Ansbach 1880.

Das revidierte Forststrafgesetz für die Pfalz. Bekanntmachung vom 2. Okt. 1879. Würzburg 1879 („Würzburger Volksausgabe").

Braunschweig.

Mansfeld, Die Forst-, Jagd- und Fischerei-Strafgesetze des Herzogtums Braunschweig. 1879.

Elsaß-Lothringen.

Solff und Mitscher, Die in Elsaß-Lothringen geltenden Forst- und Jagdgesetze. Straßburg 1876.

Schöffenbüchlein für Elsaß-Lothringen (Manuel des échevins d'Als.-Lorr.). Straßburg 1879, enthält das im Text besprochene Gesetz noch nicht.

Hessen.

Forst-. Jagd- und Fischerei-Strafwesen im Großherzogtum Hessen 2c. Sonderabdruck aus dem Handbuch für die Forst- und Kameralverwaltung im Großherzogtum Hessen. Herausgegeben vom Großherzogl. Ministerium der Finanzen 2c. Darmstadt 1882.

Mecklenburg.

Amsberg. Die mecklenb. Verordnung zur Ausf. der Str.-P.-O. vom 28. Mai 1879 nebst den Mecklenb. Verordnungen vom 31. Mai 1879, betreffend die Bestrafung der Forstfrevel und vom 2. Sept. 1879 betr. die Bestrafung der Feldfrevel.

Preußen.

Hahn, Das Holzdiebstahlsgesetz vom 7. Juni 1821 mit Kommentar, Ergänzungen und Beilagen 2c. Breslau 1836.

Bank, Die preußischen Gesetze zum Schutze der Forsten und Forstbeamten 2c. Berlin 1867.

Kletke, Gesetz, den Diebstahl an Holz und anderen Waldprodukten, betr. vom 2. Juni 1852. Brandenburg 1867. (Weitere auf das 52er Holzdiebstahlsgesetz bezügliche Litteratur bei Rönne, Ergänzungen, Bd. IV).

Günther, Das preuß. Gesetz vom 15. April 1878, betr. den Forstdiebstahl m. Erl. 2c. Breslau 1878.

Oehlschläger und Bernhardt, Gesetz betr. den Holzdiebstahl vom 15. April 1878, m. Erl. herausgeg., 3. Aufl. Berlin 1880.

Bülow und Sterneberg, Das Feld- und Forstpolizeigesetz vom 1. April 1880, m. Erl. herausgeg. 3. Aufl. Berlin 1883.

Solms, Forstdiebstahlgesetz und Forst- und Feldpolizeigesetz nebst Ausführungs-Bestimmungen.

Kohli, Sammlung der preußischen Forst- und Jagdgesetze vom Jahre 1806 bis auf die neueste Zeit, m. Erl. herausgeg. Berlin 1884.

Die preußischen Forst-, Jagd- und Fischereigesetze, Neuwied und Leipzig. 1884. (Heusers Gesetzsammlung 21).

Sachsen.

Baumgarten-Crusius, Das Forststrafgesetz f. d. Königreich Sachsen nebst den damit in Verbindung stehenden Gesetzen rc., erläutert rc. Leipzig 1848.

Krug, Kommentar z. d. Strafgesetzbuche f. d. Königreich Sachsen vom 11. August 1855 und den damit in Verbindung stehenden Gesetzen. 2. Ausg., Leipzig 1861.

Richter. Die königl. sächs. m. d. Strafgesetzbuch f. d. Deutsche Reich in Verbindung stehenden Gesetze vom 15., 20. und 30. April 1873 rc. Mit Anmerkungen. Dresden.

Mangold, Das im Königreich Sachsen neben den Strafgesetzbüchern geltende Reichs- und Landesstrafrecht. Bd. I. Leipzig 1886.

Thüringen.

Martin, Die Übertretungen in den Staaten der Thüringer Gerichtsgemeinschaft. Zusammenstellung der f. d. strafr. Kompetenz der Einzelrichter maßgebenden Gesetze rc. rc. Jena 1872.

Württemberg.

Elben, Das württembergische Forststrafgesetz vom 2. Septbr. 1879. Herausgeg. m. Anmerkungen. Stuttgart 1881.

Elben und Jäger, Das württembergische Forstpolizeigesetz v. 8. Sept. 1879. Handausg. mit Anm. Stuttgart 1882.

Von den Kommentaren zum Strafgesetzbuch waren Rüdorff und Olshausen nur in den vorletzten Auflagen zur Hand.

Gesetzgeberische Verhandlungen u. dgl.

Anhalt.

Begründung des Gesetzentwurfs, betreffend den Forstdiebstahl (Amtliche Protokolle des anhaltischen Landstags. 1879. S. 509 ff.)

Altenburg.

Landtagsblätter. — Mitteilungen und Nachrichten vom Landtage, 1870 bis 73. — Herausgeg. von d. Landschaft (Erste Abteil. S. 24 ff., zweite Abteil. S. 26 ff.).

Bayern.

Verhandlungen der Kammer der Abgeordneten des Bayrischen Landtags im Jahre 1851. Beilagen-Band I (Beil LI, S. 625).

Koburg-Gotha.

Verhandlungen des gemeinschaftlichen Landtags. 1877—1880 (S. 251 ff., S. 329 ff.).

Preußen.

Stenogr. Berichte über die Verhandl. d. am 3. Oktbr. 1877 einberufenen Landtags.

1. Herrenhaus. Erster Band (Verhandlungen).
2. Herrenhaus. Zweiter Band (Anlagen).
3. Haus der Abgeordneten. Zweiter Band (Verhandlungen).

4. Anlagen zu den Stenogr. Berichten über die Verhandlungen des Hauses der Abgeordneten während der 2. Session der 13. Legislaturperiode. 2. Bd.

Sachsen.

Mitteilungen über die Verhandlungen des ordentl. Landtags im Königr. Sachsen während des Jahres 1871—1872. Erste Kammer, 1. u. 2. Band; zweite Kammer, 4. u. 5. Band (vgl. unten Anm. 48).

Weimar.

Verhandl. des 19. ordentl. Landtags im Großherzogtum Sachsen-Weimar-Eisenach. Erste Abteil. S. 458 ff., zweite Abteil. S. 367.

Desgl. d. 21. ordentl. Landtags (erste Abteil. S. 104 ff., zweite Abteil. S. 142 ff., S. 185).

Bericht über die IX. Versammlung deutscher Forstmänner zu Wildbad vom 13.—17. Sept. 1880 (Berlin 1881).

Abgeschlossen: August 1886.

Druck von Leonhard Simion in Berlin SW.

FSC
www.fsc.org
MIX
Papier | Fördert gute Waldnutzung
FSC® C083411

Kolibri 360 GmbH
Ferdinand-Jühlke-Straße 7
99095 Erfurt, Deutschland
produktsicherheit@kolibri360.de